조선에서 백수로 살기

조선에서 백수로 살기

'청년 연암'에게 배우는 포스트 코로나 시대를 사는 법

발행일 개정판4쇄 2023년 8월 31일(癸卯年 庚申月 辛酉日) | **지은이** 고미숙

펴낸곳 북드라망 | **펴낸이** 김현경 | **주소** 서울시 종로구 사직로8길 24 1221호(내수동, 경희궁의아침 2단지)

전화 02-739-9918 | **팩스** 070-4850-8883 | **이메일** bookdramang@gmail.com

ISBN 979-11-90351-92-8 03300 | Copyright ⓒ **고미숙** 저작권자와의 협의에 따라 인지는 생략했습니다.

책으로 여는 지혜의 인드라망, 북드라망 www.bookdramang.com

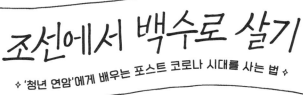

조선에서 백수로 살기

✧ '청년 연암'에게 배우는 포스트 코로나 시대를 사는 법 ✧

고미숙 지음

티
BookDramang
북드라망

하나. 바야흐로 백수의 시대가 도래하였다. 청년 백수, 중년 백수, 정년 백수 등등. 도처에, 사방에 백수가 넘쳐난다. 누구든, 언제든, 백수라는 조건을 거쳐야만 하는 시대가 온 것이다. 2020 년(경자년)에 불어닥친 팬데믹은 이런 흐름을 더욱 가속화할 전망 이다. 서문(개정판)을 쓰는 지금, 코로나19는 거의 모든 일상을 잠 식해 버렸다. '거리두기'는 신종 사자성어가 되었고, 맨 얼굴이 더 낯설고 어색할 정도로 마스크는 얼굴의 일부가 되었다. 언제쯤 이 팬데믹이 종식될지 예측할 순 없지만, 다만 그 전과 후가 전혀 다른 세상이 될 것이라는 사실만은 분명하다. 백수가 거의 모든 사람들의 '실존적 형식'이 될 것이라는 사실 또한.

　그러니 이제야말로 백수에 대한 본격적 탐구가 이루어져야 하지 않을까? 백수란 무엇인가? 백수는 무엇으로 사는가? 백수의 비전은? 또 백수의 일상은? 등등. 이 책은 바로 이런 시대적 흐름에 대한 응답이다. 30대 후반 중년 백수로 길 위에 나선 지 어언 20년. 그 길 위에서 조선의 백수 연암燕巖 박지원朴趾源을 만났고, 그 충만한 사유와 자유에 접속하는 행운을 누렸다. 이 책을 통해 그 행운이 세상에 전파될 수 있다면 참, 기쁘겠다.

둘. 이 책의 포인트는 그중에서도 청년 백수다. 좀 거창하게 말하면, 청년 백수는 이미 시대적 과제이자 문명적 이슈가 되었다. 누구도 피해 갈 수 없는 테마라는 뜻! 아울러 청년 백수는 우리 공동체의 키워드가 된 지 오래다. 감이당(&남산강학원)은 출발부터 Tg(Trans generation, 세대공감)를 표방하고 다양한 청년 프로젝트를 실험해 왔다. 이 책은 그 프로젝트에 참여한 청년들과 나눈 소통의 산물이기도 하다.

세대를 불문하고 누구나 공감하는 사항 하나, 청년들의 마음은 정처도 없고 방향도 없다. 한마디로 끊임없이 유동한다. 수많은 질문들이 범람하지만 포착하기가 쉽지 않다. 그럼에도 그 흐름을 관통하는 기저음이 있으니, 그것이 바로 다음 네 가지 테마다.

- 노동
- 관계

- 여행
- 공부

물론 이외에도 더 강렬하고 심오한 질문들이 얼마든지 제기될 수 있다. 하지만 그 전에 일단 이 항목들은 반드시 짚고 넘어가야 한다. 이 네 가지야말로 우리 시대 청년 백수들에게 가장 절실하고 리얼한 삶의 현장이기 때문이다. 하여, 각 장의 제목과 내용도 거기에 맞춰 배열했다.

1장에서는 '노동'이 사라져 가는 세상에서 어떻게 밥벌이를 하고 자존감을 지킬 것인가를, 2장에서는 고립과 단절, 불통과 소외를 벗어나 어떻게 능동적으로 '관계'의 주체가 될 것인가를, 3장에서는 글로벌 시대를 맞이하여 '여행'이 어떻게 청년들의 욕망과 접속하게 되었는지를, 4장에서는 그 모든 것을 관통하는 '공부'라는 활동을 어떻게 일상과 결합할 것인가를 탐구해 보았다. 물론 매 주제마다 연암 박지원이 최고의 가이드가 되어 준 것은 말할 나위도 없다.

생의 길섶마다 늘 행운을 선사하는 연암 박지원, 그리고 나와 함께 먹고 놀면서 '공부 쫌 하는' 청년 백수들에게 깊은 찬사를 보내는 바이다.

셋. 이 책의 기획은 한 청년으로부터 시작되었다. 2017년 가을 jtbc 프로그램 〈차이나는 클라스〉에서 『열하일기』(연암 박지원의 중국여행기)'에 대해 강연식 토크를 나눌 기회가 있었다. 이후에 도착한 한 통의 메일. 그 방송을 보다가 마치 번개처럼 이 책의 콘셉트가 떠올랐다는 내용이었다. 발신자가 30대 초반의 청년이라는 사실이 나로 하여금 즉각 응답하게 만들었다. 지금은 백수가 아니지만 20대 초반 백수 시절의 뼈아픈 추억이 연암을 통해 불끈 솟아오른 것이다. 그 열정이 이 책의 산파 역할을 했다. 그는 바로 초판의 편집자 유능한(본명이다!) 씨다. 백수를 대표하여 고마움을 전한다.

(유능한 씨는 책이 나오고 얼마 후 새로운 직업을 찾아 출판사를 떠났다. 과연 밀레니얼 세대답다! 개정판을 나의 '길벗'인 '북드라망'에서 내게 된 가장 큰 이유 중 하나다).

【덧달기】 초판을 낸 지 3년째, 기대 이상으로 독자들의 성원을 받았다. 그 사이에 팬데믹이라는 초유의 사태를 맞이하였다. 어찌 생각과 마음이 달라지지 않을 수 있으랴. 해서 개정판을 내기로 했다. 기본 골격은 초판과 같지만 세부적인 디테일에 팬데믹 이후의 변화상을 담아내고자 했다.

또 하나, 이 책의 초판을 낸 이후 깨봉의 청년들이 책을 내기 시작했다. 글쓰기로 밥벌이를 시작한 것. 청년과 고전의 만남 시리즈(『청년, 니체를 만나다』, 『청년, '천 개의 고원'을 만나다』 등) 중에서 『청년, 연암을 만나다』의 출간은 실로 감격이었다. 250여 년을 가로질러 마침내 연암이 우리 시대 청년들과 '찐'하게 조우하게 된 것이다. 또 하나, 『낭송 연암집』(길진숙 풀어 읽음)의 출현도 오랜 발원의 결과였다. 연암의 50대 이후의 글들이 처음으로 정리된 것이다. 노년의 연암은 여전히 생기발랄하고 유쾌하다. 나이도 나이지만 공무원이 되었는데도 그의 지혜와 명랑함은 조금도 소진되지 않았다. 이런 모습이야말로 청년의 롤모델이자 100세 시대 노년의 비전이 아닐까. 팬데믹과 이 두 책이 나로 하여금 개정판을 쓰게 한 중요한 동력이었다.

또 하나, 책 말미에 '기본소득'에 대한 원고가 추가되었다. 코로나가 몰고 온 변화 가운데 가장 두드러진 것이 기본소득이라는 개념이 일상 속으로 쑥! 들어왔다는 사실이다. 백수와 기본소득은 운명적으로 연결되어 있다. 이 분위기에 '편승'하여 기본소득을 공고히 하려는 저의(!^^)를 담은 글이다. 독자들과 꼭 공유하고 싶다.

2021년 여름

2060세대의 유쾌한 배움터

깨봉빌딩에서

고미숙

차 례

1장 '조선'에서 '백수'로 살기 밥벌이와 자존감
....

2장 우정, 백수의 최고 자산   친구는 제2의 '나'

3장 '집의 시대'에서 '길의 시대'로   청춘은 유동한다!

4장 배움에는 끝이 없다 네버엔딩 쿵푸!

인트로:

'청년 백수'를 향한 세 가지 제안

2. 중독 탈출

2017년 말 갑자기 비트코인이라는 말이 세상을 뒤흔들었다. 솔직히 많이 놀랐다. 가상화폐가 그렇게 많은지 처음 알았고, 그것이 청년들의 새로운 투자처라는 사실도 그때 알았다. 앞으로 가상화폐가 금융업의 대안이 될 것이라며 블록체인이 지닌 무한한 잠재력을 높이 평가하는 옹호론도 있었고, 한낱 투기요 도박, 나아가 사기에 불과하다는 비판론도 있었다. 기술적인 차원에선 전자가, 실제 상황에선 후자가 맞을 것이다.

코로나 이후, 2020년 여름부터 다시금 가상화폐 열풍이 불어닥쳤다. 이번에는 마치 화산이 폭발한 듯 해일이 일어난 듯, 어떤 면에선 팬데믹 자체보다 더 가열찼다. 언젠가부터 포털의 중심에는 가상화폐가 만들어 내는 천당과 지옥의 그래프가 등장하곤 했다. 그와 더불어 영끌, 빚투, 벼락거지 등의 '등골 서늘한' 신조어들이 탄생했다. 역시 주도세력은 청년들이었다. 한 기사에 따르면, "MZ세대로 통칭하는 2030이 자산시장 질서를 뒤흔들고 있다". 더 놀라운 건 이들이 영혼을 투여하는 것은 비트코인만이 아니었다는 것이다. "부동산과 주식 시장은 물론" "명품 시장까지 주도 세력으로 부상"하고 있다는 것.–『연합뉴스』 2021년 5월 4일자 기사 한마디로 돈이 된다면, 대박을 칠 수 있다면 뭐든 한다는 뜻이다. 대체 왜? 이유는 간단하다. 미래는 너무 불확실하고, 세대 간 장벽에 갇혀 계층간 이동의 가능성이 차단되었기 때문이란다.

수긍이 가는 면도 없지 않았지만, 한편 논리와 패턴이 너무 상투적이라서 좀 놀랐다. 산업화세대의 부동산, 민주화세대의 주식, 그리고 디지털세대의 가상화폐, 그리고 그 모든 것을 종횡하는 MZ세대의 '묻지 마' 투기—세대와 대상은 다르지만 다들 경제가 어렵고 이렇게라도 해야 계층상승이 가능하다는 논리를 내세우는 건 동일하다. 서민의 꿈 대신 청년의 희망이라는 워딩이 다르다면 다를까. 예나 이제나 투기붐은 서민과 청년의 꿈을 짓밟는 경제적 모순의 원천에 해당한다. 그런데 그 모순의 당사자들이 그 붐을 야기하는 주역이라니. 그럼 서민이 서민을 짓밟고, 청년이 다른 청년의 꿈을 앗아가는 원흉이라는 뜻인가? 오마이 갓!

물론 결정적인 차이가 하나 있다. 부동산과 주식 역시 투자를 빙자한 투기다. 그런데 둘 사이에는 속도의 차이가 있다. 차액을 남기는 데 상당한 시간차가 있기 때문이다. 부동산은 주택 공급을 전제로 하기 때문에 1년, 6개월 단위의 리듬이 필요할 테지만 주식은 매일 시세표를 점검해야 한다. 속도가 훨씬 빨라진 셈이다. 주식 투자에 몰두하면 당연히 중독된다. 일상이 몽땅 거기에 매이기 때문이다. 그럼 가상화폐는? 그 방면에선 단연 역대급이다! 주식은 주말엔 쉬고, 하루 중에도 장을 마치는 시간이 있다. 그나마 일상의 흐름을 보장해 준 인간적인(?) 투기인 것. 그에 반해, 가상화폐는 24시간 풀가동이다. 자는 시간, 주말, 휴일 따위가 없다! 잘 때도, 화장실에 다녀올 때도 시장은 요동친다. 누구를 만나고, 뭔가를 생각하고, 휴식을 즐기는 것은 불가능하다. 하긴 이런 식의 분석과 대비도 무색하다. 앞서 확인했듯이, 그것도 모자라 모든 형태의 투기에 다 뛰어들고 있다지 않은가. 그야말로 무의식, 영혼까지 다 털릴 판이다.

이쯤 되면, 경제 활동이라는 명분은 이미 무색하다. 이 요동치는 시장의 리듬이 신체를 몽땅 잠식해 버렸다고 봐야 한다. 결국 노동이 사라진 자리에 도박이, 그것도 아주 격렬한 머니게임이 일상을 지배하게 된 셈이다. 따지고 보면 자본은 거의 모든 행위를 중독의 방향으로 이끈다. 쇼핑에 중독되고 야식에 중독되고 미드에 중독되고… 거기서 끝이 아니다. 일중독, 연애중독, 관계중독, 뮤지컬중독, 헬스중독 등 삶의 전 과정에 다 중독이 따라붙는다. 그 모든 중독을 관통하는 키워드는 화폐다. 화폐가 아니면 감히 누가 그런 권능을 발휘한단 말인가. 가상화폐 열풍은 그런 점에서 이 중독의 파노라마를 가일층 고양시킬 전망이다. 어차피 노동은 점차 소멸할 테고, 그나마 인간이 하는 노동은 클릭 아니면 터치가 전부일 텐데, 그렇다면 남는 건 결국 화폐의 양이 아닌가, 노동을 해서 버는 돈이나 투기를 해서 버는 돈이 뭔 차이가 있냐고 한다면 할 말은 없다.

그래서 이제 질문을 바꾸어야 한다. "얼마 벌어?" "어떻게 벌었어?"가 아니라, "중독이야, 아니야?"로. 또 "정규직이냐?" "아직도 취준생이냐?"가 아니라 "중독이야, 아니야?"로. 삶의 질, 신체적 레벨이 그 지점에서 확연히 구분되기 때문이다. 그게 아니면 뭔 낙이 있냐고? 이런 질문 자체가 우리 시대의 슬픈 자화상이다. 뭔가에 미치고 중독되지 않으면 아무런 즐거움이 없다는 공식을 신앙처럼 떠받들고 있다는 점에서 그렇다. 중독 아니면 우울, 화폐 아니면 무기력! 이건 이분법이다. 삶을 잠식하는 지독한 이분법! 삶을 복원하려면 반드시 이 이분법의 회로를 타파해야 한다.

방법이 있냐고? 있다! 아니, 없다면 찾아내야 한다. 비트코인도 채굴을 한다는데, 채굴이라도 해서 찾아내야 한다. 그래서 연암, 아니 청년 연암이다. 연암이 입신양명의 궤도에서 도주한 것은 거창한 대의나 명분 때문이 아니었다. 권력과 부귀에 '쩐'(절어버린) 신체로 살고 싶지 않다는 것. 거기에서 출발했다. 왜? 권력보다 청춘이, 소유보다 자유가 더 소중하니까. 우리 시대 청년들도 여기에서 시작해야 한다. 중독을 향해 달려갈 것인가 아니면 그 궤도에서 벗어나 옆으로 '샐' 것인가.

3. 망상(꿈) 타파

영화 〈1987〉을 보고 많이 울었다. 그 시절 나는 대학원생이었는데, 대학원까지 변혁의 기운이 몰아닥쳐 운동권이 아닌 연구자들까지도 농성과 시위, 토론, 학습으로 일상을 보내야 했다. 청년 박종철이 죽은 겨울, 청년 이한열이 죽은 여름의 그 시간들이 아직도 눈앞에 생생하다. 영화를 보면서 정작 당시에는 슬픔을 그렇게 느끼지 못했다는 걸 깨달았다. 마치 물고기가 물을 의식하지 못하듯, 시대 자체가 슬픔의 매트릭스에 있었다고나 할까. 그로부터 어언 30여 년, 다시 그때를 돌이켜보니 그 시절의 청년들이 참 불쌍하고 서럽게 느껴졌다.

영화관을 나오면서 문득 생각했다. 지금 대학가에는 최루탄도 화염병도 없다. 짭새도 백골단도 없다. 불온서적을 읽는다고 잡혀갈 일도 없고(그 시절의 불온서적은 대부분은 고전이 되었고, 이제는 그런 고전을 제발 읽으라고 권유한다. 그래서 안 읽나?^^), 물고문, 전기고문은 그저 괴담 같은 일이 되었다. 그런데, 지금 대학가의 청춘들은 행복한가? 자유로운가? 그래야 맞다! 나를 포함하여 87년 세대는 분명 그렇게 믿었던 것 같다. 민주주의 혹은 혁명이란 지성과 야성, 에로스와 로고스의 향연을 구현하는 것이라고 확신했으므로.

하지만, 불행히도 우리 시대 청춘은 자유롭지도, 행복하지도 않다. 지적 향연도 야성의 에너지도 찾아보기 어렵다. 하여, 공권력의 압제는 없지만 여전히 청춘은 서럽고 아프다. 30년 전에는 지독한 폭력과 억압이 있었지만 그 압도적인 세력에 맞서 싸운다는 자부심이 있었다. 지금은 폭압도 자부심도 없다. 시위의 광장은 주차장으로 바뀌었고, 서클의 본산이었던 학생회관에는 온갖 글로벌 브랜드가 판을 치고 있다. 공권력의 억압에서 자본의 판타지로의 대전환. 청년들은 더 이상 저항하지 않는다. 저항은 고사하고 더할 나위 없이 고분고분하다. 아니, 한술 더 떠 자본이 제시하는 욕망의 롤러코스터에 올라타지 못해 안달한다. 저항의 주체가 아니라 소비의 주체다. 소비의 주체가 되려면? 화폐가 필요하다.

그래서 탄생한 청춘담론이 꿈이다. 꿈을 꾸라고, 꿈을 펼치라고, 꿈은 이루어진다고. 그런가? 꿈꾸면 다 이루어지나? 그럼 정말 큰일이다. 모든 청년이 꿈을 향해 달려가고 또 그것을 다 이룬다면 대한민국, 아니 지구 자체가 폭발하고 말 것이다(이건 진짜다. 전세계인이 다 중산층이 되려면, 지구 3.5개가 필요하다고 한다). 이 담론이 말하는 꿈의 구현은 형식이 뭐건 간에 궁극적으로 더 많은 화폐, 더 강렬한 소비의 주체가 되는 것이다. 연예인, 그중에서도 아이돌이 롤모델인 건 그래서다. 그들이야말로 화폐와 소비의 화신들이니까. 연예인의 목표는 '광고 찍기'다. 광고를 휩쓸면 드디어 꿈을 이룬 것이다, 예술과 자본의 완벽한 콜라보!

그런데 명심하라! 거기에는 청춘이, 삶이 부재한다. 돈과 인기가 삶을 지탱할 수 없다. 마이클 잭슨, 휘트니 휴스턴 등 세계적인 대스타들이 약물에 중독되거나 스스로 목숨을 끊었다. 지난 10여 년간 우리나라에서도 수많은 스타들이 삶을 스스로 포기하는 선택을 했다. 그리고 지금 이 시간도 수많은 스타들이 우울증과 공황장애를 앓으면서 죽음충동에 시달릴 것이다. 더 놀라운 건 그 죽음들에 대한 어떤 탐구도 없다는 사실이다. 탐구는커녕 공론의 장 자체가 부재한다. 영혼 없는 애도와 탄식이 전부다. 오직 화려한 무대를 장식할 때만을 기억할 뿐, 삶의 현장에서 사라지는 순간 바로 내팽개쳐 버리는 느낌이다. 그런데도 그런 삶을 꿈꾸라고 하다니. 그나마 다행이다! 꿈을 이루기가 너무 어럽다는 게.

그러니 부탁한다. 제발 꿈꾸지 마라! 꿈은 망상이다. 망상은 부서져야 한다. 망상 타파! 청춘은 청춘 그 자체로 충분하다. 아니, 삶이 통째로 그러하다. 사람은 꿈을 이루기 위해 살지 않는다. 어떤 가치, 어떤 목적도 삶보다 위에 있을 수 없다. 살다 보니 사랑도 하고 돈도 벌고 애국도 하는 것이지. 사랑을 위해, 직업을 위해, 국가를 위해 산다는 건 모두 망상이다. 하물며 화폐를 위해서랴? 성공한 다음엔 공황장애, 성공하지 못하면 우울증. 이 얼빠진 궤도 자체가 망상 중의 망상이다. 그러니 제발, 망상에서 벗어나자. 두렵다고? 걱정 마라, 괜찮다! 꿈에서 깨어나는 순간, 비로소 청춘의 생동하는 얼굴과 마주하게 될 터이니. 삶의 생생한 현장을 목격하게 될 터이니.

그게 어떻게 가능하냐고? 함께 탐색해 보자. 백수의 원조 연암 박지원을 가이드 삼아. 밑져야 본전 아닌가? 다른 건 몰라도 재미는 보장한다. 연암은 진정 청춘의 참맛을 즐길 줄 '아는 백수'였으므로.

1장

'조선'에서
'백수'로 살기

◇ 밥벌이와 자존감 ◇

1. 청춘은 '푸르지' 않다

우울증 앓는 청년들

청춘은 아름다워라~. 나의 20대 무렵, 시대가 참 엄혹했음에도 이 비슷한 청춘예찬론이 넘쳐났다. '참 좋은 때다', '구르는 돌만 봐도 웃음이 나지?' 등등. 물론 그다음에 꼭 이렇게 덧붙였다. 근데, '너는 왜 그 모양이냐?' '피기도 전에 시들것다~' 그래서 생각했다. 청춘은 아름답고 멋진데 나만 이렇게 삭았구나. 왜 나만? 그렇게 청춘이 속절없이 흘러가고 삼사십대가 되자 나도 청년들한테 이런 말을 하기 시작했다. "뭘 해도 좋을 때다~" "맘껏 즐겨~!" 그러다 문득 '이거 사기 아닌가?'라는 생각이 들었다. 나는 그때 그 시절 많이 삭았었다. 그럼 '한창 무르익어 잘나가는' 걸로 알았던 내 친구들은? 지성과 미모를 겸비하고 청춘의 낭만과 멋을 만끽(하리라 생각)했던 친구들은 시대정신을 투철하게 실현하다가 감옥 아니면 공장엘 갔고, 시대정신과는 좀 '거리두기'를 했던 킹카(혹은 퀸카)들은 대기업이나 언론사에 취직을 했거나 그런 남친(혹은 여친)들과 결혼을 했다.

근데, 걔들이 진짜 근사한 청춘을 보냈나? 40대 즈음 우연히 옛 친구들과 청년기를 회상하다가 한동안 가슴이 미어졌던 적이 있었다. 그 친구들도 일찌감치 '삭은' 나보다 훨씬 더 처절한 청춘을 보냈던 것이다. 그래서 알게 되었다. 청춘은 절대 아름답지 않다고. 청춘은 그렇게 푸르지 않다고. 봄날은 짧다. 겨우내 독하게 언 땅을 뚫고 나오기도 힘겹지만 나오자마자 동풍에 꽃샘추위까지 겪어야 한다. 청춘 또한 다르지 않다. 몸에는 성호르몬이 부글거리지만 할 수 있는 일이라곤 시험공부밖에 없는 10대를 통과하고 나면 바로 취업전쟁에 돌입해야 한다. 봄날 피기도 전에 시드는 꽃들과 다를 바 없다.

그럼 20세기만 이런가? 싶었으나, 역사를 배워 보니 유사 이래 늘 이랬다. 근대 이전에는 아예 청년기 자체가 없었다. 조선시대의 경우, 이팔청춘 16세만 되면 바로 '성인'이 되어 혼례를 치러야 했으니 비교하고 말 것도 없다. 인디언들의 경우, 청춘을 통과하려면 목숨을 걸어야 했다. 숲에 가서 한 달씩 홀로 버텨야 하거나 아니면 영화 〈아바타〉에서처럼 익룡을 타고 벼랑을 뛰어넘어야 하거나. 생사를 넘나든 다음에야 성인이 될 자격을 얻었

다. 이걸 알고 나선 더더욱 확신이 들었다. 어느 시대 어느 곳이
건 청춘이 아름다웠던 적은, 아니 마냥 '푸르른' 적은 없었다는
걸. 그래서 위로가 되었냐고? 물론이다! 인간의 두뇌는 기본적으
로 집단지성이라 나만 그런 게 아니고, 우리 시대만 그런 게 아니
라는 걸 아는 순간 이상하게 힘이 솟는다.^^

　자, 본론은 이제부터다. 우리 시대 청년들은 진짜 우울하다.
'진짜'라고 한 건 우리 시대의 우울은 인류 역사상 미증유의 사례
에 해당한다는 뜻이다.

> "이 어려운 시대에 저를 비롯한 청년들의 푸름은, 풋풋한 푸름이
> 아니라 하루하루 상처받아 생기는 멍의 검푸른 그것과 같다."
>
> ─한동일, 『라틴어수업』, 흐름출판, 2017, 292쪽

　그래서인가. 20대 청년들과 이야기를 나누다 보면 거의 예외
없이 눈물을 쏟아낸다. 딱히 대단한 사연이 있는 것도 아니다. 하
지만 그게 지금 청년들이 겪는 마음의 행로다. 멀리 갈 것도 없이
우리 공동체에 있는 청년들의 목소리를 들어 보시라.

　어떻게 살아야 하는가, 하는 질문은 나이가 어떻든 모든 '청년'들
의 것일 테다. 그런데 나는 그런 질문을 가지기까지도 오래 걸렸

다. 귀찮고, 모르겠고, 어차피 마음대로 안 될 것 같은데 그냥 어떻게든 되는대로 살면 되지 않을까, 사실 별로 살고 싶은지도 잘 모르겠고…라고 생각해 왔으니 말이다.

−이윤하, 「무기력한 청년의 연암 읽기」, 남다영·원자연·이윤하, 『청년, 연암을 만나다』 북드라망, 2020, 15쪽

20대 초반에는 지금보다 훨씬 더 스스로에 대해 자신이 없었다. 상대와 약속 시간을 정할 때도 일정이 겹치면 선약이 있다고 말하기보다 내 일정을 먼저 포기하는 것이 당연했고, 내 느낌과 생각은 별 것 아니라고 넘기기 일쑤였으며 다른 사람들이 하는 것을 따라하는 것 외에 다른 상상력이 없었다. '왠지 난 못할 것 같아'라거나 '나는 별거 없어'라며 겁을 내고 있었다.

−남다영, 「흉내가 아닌 닮아 감」, 앞의 책, 29쪽

미래에 대한 불안이야 청년만의 문제도 아니고, 우리 시대만의 문제도 아니다. 호모 사피엔스로 진화한 이래 전 인류가 숙명처럼 안고 사는 문제라 할 수 있다. 헌데, 지금 이 청년들은 단지 불안이 아니다. 무기력하고 우울하고 죽고 싶다. 아주 사소한 일로도 좌절하고 너무 쉽게 자신을 포기하고 내팽개친다. 그럼 당장 이런 반응이 나올 것이다. 입시경쟁, 일자리, 계층적 격차… 기

타 등등. 틀렸다고 하기는 어렵지만 맞다고 하기는 더 어렵다. 청춘이 아름답다는 말처럼 공허하다. 단지 그것 때문이라면 청년들이 결단하면 된다. 연대하고 투쟁해서 그런 사회적 구조를 뒤집어엎으면 된다. 1987년, 그 엄혹한 시대에도 해냈는데 지금이라고 왜 못하겠는가? 촛불항쟁으로 대통령도 바꿨는데 그 정도야…. 근데 그럴 국면도 아닐뿐더러 그럴 생각도 들지 않는다. 그럼? 모른다! 왜 아픈지도 모르겠고 어떻게 해야 여기서 벗어나는지도 모르겠다. 모르는데 슬프다. 아니, 몰라서 슬프다. 그 말은 이 서글픔의 원인이 우리가 상상하는 이상으로 근원적이고 심층적이라는 뜻일 터. 청년 연암을 만나야 하는 이유가 여기에 있다.

계유년(1753)과 갑술년(1754) 사이, 내 나이 열일고여덟 살 적에 나는 오랜 병으로 지쳐 있어, 가곡이라든가 글씨와 그림, 옛날 칼과 거문고와 이기彝器 등 여러 잡물에 취미를 붙였다. 나아가 사람들까지 불러들여 우스갯소리나 옛날 이야기로 마음을 달래려고 백방으로 노력해 보았으나, 답답함을 풀지는 못하였다.

-박지원, 「이야기 솜씨 좋던 민 노인」(閔翁傳), 『지금 조선의 시를 쓰라』, 김명호 편역,
돌베개, 2007, 21쪽

이 병이 바로 우울증이다. 연암이 우울증을? 이건 정말 대박

사건이다. 출신상으로 보면 그는 진정 금수저다. 당시(18세기 영·정조)의 집권층인 노론 벽파에 속하고 대대로 부마를 지낸 로열 패밀리에 속한다. 게다가 그의 초상화를 보라. 카리스마 넘치는 외모에 지식인답지 않게^^ 풍만한 몸매라니. 거기다 목소리는 또 얼마나 우렁찬지 늦깎이로 고을 원님을 하던 시절 동네 귀신이 연암의 목소리를 듣고 달아났을 정도다. 근데 우울증이라고? 그 것도 한참 팔팔할 10대에?

지금이야 우울증이 감기보다 흔한 병이 되었지만 18세기 조선에선 아주 드문 질병이었다. 농업경제 시대라 육체노동이 주를 이룬 탓에 정신적 질환은 상대적으로 적었다. 몸을 많이 쓰면 마음이 편하고, 몸을 쓰지 않으면 마음이 비대해져 병이 되는 이 치다. 그러니 이 우울증 병력이야말로 연암 생애 최고의 스캔들이 아닐지. 이 점에서도 연암은 시대를 앞서가는 선구자(?)임에 틀림없다.

청년 연암의 우울증은 상당히 심각했던 듯하다. 거식증에 불면증. 최악이다. 거식증은 그냥 식욕이 없는 게 아니라 몸이 격렬하게 음식을 거부하는 증상이다. 음식 생각만 해도 토할 것 같다니 얼마나 끔찍한가. 거기에다 사나흘씩 잠을 못 자는 불면증이라니. 밤은 힐링과 영성의 시간이다. 하여, 숙면이야말로 낮의 고단함에 대한 최고의 보상이자 축복이다. 그런 점에서 불면증은 재앙에 가깝다. 이런 증상들에 시달리다 보니 체력이 저하되는 건 물론이고 삶의 의욕마저 고갈되기에 이르렀다.

대체 왜? 아무도 모른다. 어쩌면 연암 자신도 잘 몰랐던 것 같다. 지금도 그렇지 않은가? 우울증 이야기가 나오면 주변에서 받은 스트레스나 유년기의 가족사가 상투적으로 등장하지만, 과연 그럴까? 성공의 정점에 오른 스타들이 우울증 치료를 하다가 극단적 선택에 이르는 것을 보면 딱히 그런 것 같지도 않다. 연암도 비슷하다. 만약 원인이 될 만한 사건이 있었다면 주변 사람은 물론이고 연암 스스로가 뭐라도 남겼을 텐데, 전혀 없다.

자, 원인은 모르겠지만 상황은 심각하다. 이럴 땐 어떻게 해야 하나? 일단 자기 몸과 소통을 해야 한다. 우울하다는 건 말 그대로 몸의 기운이 꽉 막혔다는 뜻이다. 그럼 치유책은 간단하다. 막힌 곳을 뚫으면 된다. 청년 연암은 명약이나 명의를 찾기보다 거리로 나가 사람을 만났다. 거리의 괴짜나 어깨들과 접선하고 신선술을 닦는 노인을 찾아 헤매고 이야기꾼 노인을 집으로 초대한다. 그리고 그 이야기를 글로 옮긴다. 사람을 만나고 이야기를 나누고 글쓰기를 하고. 지금 의학의 기준으로 봐도 최고의 치유법에 해당한다. 연암은 누구의 도움도 받지 않고 자기치유의 길로 나선 것이다. 연암식 통과의례였던 셈이다.

이 점이 청년 연암과 우리 시대 청춘이 연결되는 지점이다.

연암의 청춘도 시퍼렇게 멍들었다. 시대적 차이야 있겠지만 누구에게도 청춘은 그렇게 녹록지 않았다. 그리고 그것은 몸이 보내는 메시지다. 저 깊은 심연에서 보내는 생명의 메시지. 연암은 그 목소리에 귀를 기울였다. 그리고 조용하지만 과감하게 응답했다. 입신양명이라는 주류적 코스에서 일탈하기로 한 것. 궤도이탈! 금수저 연암이 흙수저 백수로 삶의 방향을 틀어 버린 것이다.

하긴 봄날도 빛나고 싱그러운 날이 며칠이나 될까. 꽃샘추위를 견뎌 내고 간신히 꽃을 피우는가 싶으면 변덕스런 봄바람에 비 한번 몰아치고 나면 하룻밤 사이에 후두둑 다 지고 만다. 그렇게 봄날이 간다. 청춘 또한 다르지 않다. 질풍노도의 시기라지만 그 대책 없는 바람 앞에서 얼마나 많이 흔들리고 또 얼마나 깊이 멍들어야 할지. 그 푸르른, 아니 시퍼런 멍은 삶이 던지는 질문이기도 하다. '나는 누구인가?' '어떻게 살 것인가?' '무엇을 할 것인가?' 등등. 이런 질문과 대면하지 않는 청춘이 어디 있으랴. 그 질문 앞에서 '멍들지 않을' 청춘이 또 어디 있으랴. 아주 오래전 내 청춘이 그러했고, 더 오래전 청년 연암이 그러했듯이.

2. 금수저가 부럽다고?

허세 아니면 방탕

우리 시대 청년들은 대부분 백수다. 그래서 우울하다. 청년 연암도 우울하다. 그래서 백수가 되었다. 한쪽은 백수라서 우울하고, 다른 한쪽은 우울해서 백수가 되었다. 비슷한 듯 다른 이 느낌적인 느낌.

우리 시대 청년들은 연암이 몹시 의아할 것이다. 금수저를 물고 태어났는데, 왜 그걸 포기해? 우린 흙수저라 정규직 레이스에서 배제된 건데…. 이렇듯 청년담론에는 예외 없이 '수저타령'이 꼭 등장한다. 언제부턴가 '스펙'이란 말 대신 '수저'로 대체된 느낌이다. 신분도 아니고 계층/계급도 아닌 수저! 그리고 금/은/흙의 구분, 기준은 오직 화폐의 양뿐. 근데, 은수저는 별로 들어본 적이 없다. 그럼 결국 금과 흙, 두 가지만 남는 셈인가(요즘은 흙수저 밑에 손수저도 등장하긴 했다). '수저론'에 비추어 보면 연암은 불가사의다. 아무리 우울증을 앓았기로 금수저에서 흙수저로 가는 역발상은 상상해 보지 못했을 테니 말이다. 거기에는 일단 금수저를 물고 태어나면 스펙은 저절로 갖춰질 테고, 그러면 억대 연봉의 정규직이 가능할 것이라는 장밋빛 환상이 자리한다.

바로 이 환상 때문에 우울한 거다. 청춘의 자유와 활기는 화폐가 결정하는데, 이 화폐를 확보하기에는 갈 길이 너무 멀다. 하지만 금수저 출신들은 이미 화폐를 두둑이 확보했으니 저만치 앞질러 가고 있는 듯 보이고, 흙수저 출신인 나는 취업의 장벽조차 넘지 못하고 있으니 '이 레이스는 하나 마나 이미 끝났다'는 생각에 압도당하는 것이다. 틀렸다고 할 수는 없지만 꼭 짚어야 할 사항이 하나 있다. '화폐가 삶의 유일무이한 척도인가' 하는 인문학적 성찰은 그만두고라도 '금수저로 산다는 게 어떤 것일까'에 대한 성찰과 고민이 전혀 없다는 사실이다.

금수저는 돈이 엄청 많은 이들을 뜻한다. 어떻게 돈이 많을까? 부모한테 물려받은 것이다. 그럼 그 부모는 어떻게 돈이 많지? 자본주의 약탈경제에 올라탔기 때문이다. 부동산이건 사업이건 혹은 그 무엇이건 순식간에 엄청난 차액을 챙겼기 때문이다. 그러자면 반드시 누군가에게 막대한 손해를 끼쳐야만 한다. 아니면 잉여가치를 무자비하게 착취하거나. 그게 아니고 금수저가 된다는 건 불가능하다. 우리 시대 상류사회를 보라. 진보·보수를 막론하고 청문회를 통과하기가 얼마나 어려운가? 불법·편법은 기본이고 그들이 자행하는 '갑질'은 도를 넘었다. 고래고래 악을 쓰고 집어던지고 때려부수고. 최근 유행한 드라마 중에 〈펜트하우스〉라는 작품이 있다. 최상류층들의 배신과 음모를 다룬 작품인데, 매회마다 기물 파손과 욕설, 구타는 기본으로 등장한다. 인격 파탄은 둘째치고 저런 상태로 어떻게 몸을 유지하고 사나 싶을 정도로 엽기적이다. 이게 부럽다고? 예전에는 그런 이들을 직접 대면할 수조차 없었다. 그래서 그 실상을 제대로 파악하기가 어려웠다. 해서 막연히 베일에 싸여 환상이 있었다. 하지만 요즘은 드라마는 물론이고 시도 때도 없이 각종 뉴스에 등장한다. 금수저의 정점까지 갔으면서도 또 돈을 있는 대로 긁어모으다가 온 국민의 원성과 조롱을 받는 정치인들, 재벌가에서 벌어지는 폭언과 폭력의 일상화, 상상을 뛰어넘는 비리와 방탕의 향연. 그 결과는? 검찰 포토라인, 그리고 감옥행! 이게 부러운가?

다 그런 건 아니지 않은가? 맞다. 금수저이면서도 훌륭하게 사는 분들도 있다. 하지만 그분들은 부에 의존해서 살지 않는다. 그들의 미덕은 돈이 아니라 돈에 대한 애티튜드, 돈보다 삶을 중시하는 에티카(윤리), 거기에 기인한다. 하지만 청년들이 갈망하는 '소위 금수저'는 그런 애티튜드나 에티카가 부재한 채 오직 돈의 양으로만 규정되는 경우다. 그럼 그들은 어떤 삶을 살까? 몹시 불안한 삶을 살아간다. 돈이 삶을 압도하는 일상을 살아간다. 그러면서 자유와 행복을 누리기는 불가능, 아니 제로에 가깝다. 일단 돈이 모이면 사방에서 약탈자가 모여든다. 왜? 그 돈 자체가 약탈의 산물이니까. 아무도 존중해 주지 않는다. 그럼 다시 전쟁이다. 부부간에, 부모-자식 간에, 그리고 형제 및 동업자 간에, 기타 등등.

금수저가 누리는 보상은 두 가지 정도다. 남들 보기 그럴싸한 것. 화려하고 고상하게 보이는 것이 하나라면, 사치심과 소비 충동을 맘껏 충족시키는 것이 나머지 하나다. 전자는 위선과 허세. 후자는 방탕과 전횡. 그 결과는 온갖 갑질이 보여 주듯, 최소한의 자기 컨트롤이 불가능한 신체가 되는 것—약탈경제가 야기하는 필연적 대가다.

청년 연암이 금수저의 궤도를 이탈한 것도 그 지점이다. 연암이 왜 과거를 포기했는지는 아직도 미스터리다. 하지만 몇 가지 단서는 있다. 연암이 1차 시험 격인 소과에 장원급제하자 왕(영조)의 주목을 받는 동시에 권세가들의 러브콜이 쇄도했다. 연암을 자기 당파로 끌어들이기 위함이었다. 이 청년은 그 순간부터 성찰을 시작했으리라. '출세가 무엇이고 부귀란 무엇인가?'라고. 본시험 격인 대과에 급제하면 바로 이런 정쟁의 그물에 걸려

들 테고, 그때부턴 권력투쟁에 올인해야 한다. 서로 다투고 고발하고 물리치고 죽고 죽이고…. 조선은 당쟁의 나라 아닌가. 처음엔 동인/서인으로, 그다음엔 남인/북인, 노론/소론으로. 그리고 연암이 살았던 18세기에 이르면 노론/남인, 두 개의 당파로 압축된다. 여기에 이르기까지 흘린 피만도 엄청나다. 피가 피를 부르는 복수혈전의 파노라마. 그럼에도 다시 집권당인 노론 안에서 벽파, 시파 등의 파벌로 분화하는 중이었다. 이 욕망의 소용돌이 속으로 들어가야 하다니, '아, 생각만 해도 끔찍하다'고 생각했으리라. 그렇게 되면 연암이 가장 좋아하는, '글을 짓고 벗을 사귀는' 일은 일찌감치 포기해야 한다. 아, 그럼 대체 무슨 낙으로 산단 말인가? 하는 실존적 고민과 마주했으리라.

게다가 조정의 관료가 되면 날마다 사모관대를 하고 어깨에 잔뜩 힘을 준 채 출퇴근을 반복해야 한다. 또 처리해야 할 사건과 문서들이 산더미처럼 쌓일 것은 뻔한 노릇이다. 이 대목에서 연암은 고개를 흔들었으리라. 연암은 체질상 그런 식의 형식과 패턴과는 당췌 어울리지 않는 인물이다. 격률을 지키기 싫어 사대부의 기본교양인 한시漢詩도 극소수만 남겼고, 30대 중반에는 사대부의 교제에 필수인 경조사도 폐했을 정도다. 게다가 예나 이제나 정규직, 특히 잘나가는 정규직은 일이 '억수로' 많다. 열심히 하면 '워커홀릭'이 되고, 대충 하면 탐관오리(비리 공무원)가 된다.

절대 부러울 수가 없는 코스다.

연암은 이미 청년기에 그걸 간파해 버렸다. 그 증거가 「양반전」이다. 청년기에 쓴 이 걸작에서 그는 양반, 즉 조선 시대 금수저가 무엇인지를 통렬하게 보여 준다. 이 작품은 정선 군수가 돈으로 양반을 사려는 정선 부자에게 읽어 주는 두 개의 문서로 이루어져 있다. 수저론에 빗대자면, 금수저가 되려는 은수저에게 금수저가 무엇인가를 알려 주는 형식이다. 하나는 양반의 예절과 매너.

"날 더워도 버선 벗지 말고, 맨상투로 밥상 받지 말아야 한다. 밥보다 국 먼저 먹지 말고, 후루룩 소리 내어 마시지 말아야 한다. (……) 술 마시고 나서 수염을 쪽쪽 빨지 말고, 담배 필 젠 볼이 움푹 패도록 담뱃대를 빨지 말아야 한다. (……) 화로에 곁불 쬐지 말고, 말할 때 입에서 침을 튀기지 말아야 한다."

-박지원, 「양반전」, 『지금 조선의 시를 쓰라』, 45~46쪽

기타 등등. 한마디로 허례허식의 끝판왕이다. 지금의 감각으로 보면 참 어이없고 한심해 보이지만 사실 '이미지 메이킹'에 올인한다는 점에서는 우리 시대도 크게 다르지 않다. 조선 시대 양반들은 예의범절을 지키는 척하느라 온몸이 뻣뻣하게 군었다면,

요즘은 인스타그램에 최고로 멋진 사진을 올리느라 일상이 거의 불가능한 지경이다. 아무튼 이 문서를 듣고 난 부자는 투덜거린다. 양반이 고작 그런 거냐고. 그러자 두번째 문서가 작성된다.

"하늘이 백성 내니, 그 백성은 사농공상士農工商 넷이로세. 네 백성 가운데에서 선비가 가장 귀하도다. 양반으로 불리면 이익이 막대하네. 농사나 장사 아니 해도 문학서와 역사서를 대충 공부하면, 잘 되면 문과 급제, 못 되어도 진사로세.

문과 급제 홍패는 두 자 길이가 채 못 되어도, 온갖 물건이 다 갖추어져 있나니, 이게 바로 돈 쓸어 담는 자루로다. (……) 일산日傘 바람에 귀가 희어지고 설렁줄 소리에 배가 나오며, 방안에 떨어진 귀걸이는 놀다 간 어여쁜 기생의 것이요, 뜨락에 흩어져 있는 곡식은 두루미를 기르기 위한 것이라네.

궁한 선비라도 시골에 살면 나름대로 횡포 부릴 수 있지. 이웃집 소로 먼저 제 밭 갈고, 마을 백성 일손 빌려 김을 맨다 한들 누가 감히 나를 업신여기랴. 그런 놈에겐 코에 잿물을 붓고 상투 잡아 도리질치며 귀밑수염 다 뽑아도, 감히 원망하지 못하느니라."

-앞의 책, 47쪽

이번엔 방탕과 농단의 극치다. 〈돈〉(박누리 감독)이라는 영화를 보면 마지막에 아주 인상적인 대사가 하나 나온다. 주인공(류준열)이 검사한테 하는 말, "대체 그렇게 많은 돈을 벌어서 어디다 쓰려는 건지 꼭 물어봐 달라"는 것. 자신도 돈에 환장하긴 했지만 죽을 때까지 쓰고도 남을 돈을 벌었는데도 끊임없이 주가 조작에 공매도 투기를 하다가 결국 수갑을 차고 잡혀 가는 펀드매니저(유지태)가 도저히 이해가 되지 않았던 것이다. 그에 대한 답이 위에 나온다. 하나는 쾌락과 소비. 다른 하나는 타인에 대한 지배와 군림. 욕망이 쾌락의 선을 타게 되면 이 두 가지 코스밖에 없다. 참 서글픈 노릇이다.

두번째 문서를 들은 부자. 완전히 질려서 혀를 내두르며 달아나 버렸다. "그만두시우, 그만두시우. 맹랑한 일이군요! 장차 날더러 도적이 되란 말이오?" 그렇다. 부자한테 저런 양반은 도적, 날강도에 불과하다. 요즘 언어로 치면, 변태 혹은 갑질. 이후 이 부자는 죽는 날까지 다시는 양반을 입에 담지 않았다고 한다. 당연하지 않은가? 이런 삶을 원하는 이는 없다. 우리 시대도 마찬가지다. 영화나 드라마, 각종 시사 프로그램에는 금수저들의 갑질과 방탕에 대한 이야기가 넘쳐난다. 그런데 어떻게 그걸 부러워할 수 있단 말인가?

20세기는 계급론/계급투쟁 같은 거대담론이 주도했고, 1987세대한테 부르주아는 타도의 대상이었다. 부잣집 출신 대학생들은 가능한 한 '빈티' 나게 보이려고 최선을 다했다. 부르주아 출신인 것이 부끄러웠던 것이다. 심지어 졸업 후에는 공장이나 탄광으로 들어가 신분세탁(?)을 시도하기도 했다. 물론 그 시절의 계급론 역시 지극히 편향적이었음을 부인하기 어렵다. 비슷한 관점에서 지금 유행하는 수저타령도 허망하긴 마찬가지다. 그런 식의 편향과 허망에 빠지지 않으려면, 좀더 디테일하게 삶을 관통하는 시선이 필요하다.

그런 점에서 연암은 진짜 천재다! 어린 나이에 어떻게 저런 통찰력이?! 우울증을 앓았기에 가능했으리라. 병이야말로 인생의 스승이자 벗이므로. 물론 우울증을 치유한 이후에도 삶에 대한 질문들이 쓰나미처럼 밀려왔을 것이다. 특히 가족과 친지들의 황망한 죽음이 이어지면서 청년 연암의 성찰과 사색도 깊어질 수밖에 없었다. 그에 대한 응답이 바로 백수였던 것. 부귀를 누리기 위해선 정쟁과 약탈을 멈출 수 없고, 그에 대한 보상이라고는 허세 아니면 방탕뿐인 금수저의 궤도에서 과감하게 탈주하기로 한 것이다.

3. '안정된 삶'이라는 신화

노동은 '소외'다!

3년 차 직장인 C(26)씨는 사회에서 도태되지 않기 위해 노력한 자신의 모습을 돌아보면 허무하다는 생각을 밝혔다. 그는 "항상 사회가 제시하는 '해답'이 있었다. 지금까지의 나는 그 해답에 맞춰 잘 살아왔다고 생각했다"라며 "하지만 요즘은 사회가 제시한 방향과 해결책이 모두 거짓이었고, 지금도 계속 속고 있다는 기분이다"고 토로했다. C씨는 이어 "고등학교 때는 '좋은 대학', 대학교 때는 '좋은 직장'에 들어가면 삶이 나아질 것이라고 믿고 노력했는데, 막상 취업에 성공한 지금도 불안감이 없어지지 않는다"라며 "그런 시기에 내가 좋아하는 것을 찾거나 시도하려고 하면 '네가 지금 그럴 때냐', '그럴 시간에 토익이나 올려라'라는 시선이 느껴져 엄두가 안 났다. 하지만 지금은 '내가 뭘 하려고 그렇게 용썼나' 싶고 허무하다"고 털어놨다.

-「고장난 사회 신음하는 20대」, 『아시아경제신문』, 2018년 2월 27일

　이 책의 초판을 쓸 때, 인용한 기사를 보고 감탄했다. 그야말로 정곡을 찌르고 있어서다. 개정판을 쓰고 있는 지금은 어떨까? 표현하는 말들이 다소 낡은 느낌이긴 하지만 여전히 감탄할 만하다. 물론 내용이 조금 더 보태져야 한다. "좋은 직장"에다가 이젠 "부동산 투자에 성공하면", "주식이 오르면", "비트코인으로 대박을 치면" 등의 과정이 이어질 것이다. 그리고 이런 숨 가쁜 레이스를 계속하는 이유 혹은 명분은 여전하다. '뒤처지고 싶지 않다', '남들처럼 살고 싶다', '미래가 너무 불안하다' 등등 ——결국 안정된 삶이란다. 10년 전, 100년 전과 조금도 다르지 않다. 청춘, 아니 인생의 목적 자체가 오직 안정, 안정뿐이라는 ——오, 이 진부한 척도, 아니 척도의 진부함이란!

　정말 그런가는 일단 제쳐 두고라도, 대체 언제나 그 '넘의' 안정이 가능한지 정말 궁금하다. 과연 그걸 말할 수 있는 사람이 있기나 할까. 다만 확실한 것은 위의 청년이 토로한 바대로 그 모든 과정을 순탄하게(사실은 끈질지게) 통과한 다음에도 결코 안정은 없다!는 사실이다.

　당연하다. 10대는 입시생으로, 20대는 취준생으로 청춘을 다

바친 다음 소위 '안정된' 정규직에 진입해도 거기서 요구하는 사항을 수행하려면 또 기를 쓰고 용을 써야 한다. 시험공부를 할 때와는 또 다른 자질과 능력을 요구받기 때문이다. 시험공부는 일단 노력으로 통과할 수 있을지 모른다(아무리 노력을 해도 물론 절대 다수는 탈락할 수밖에 없지만!).

그러나 현장은 단지 일방적 노력만으로 통하지 않는다. 무엇보다 인간관계라는 장벽을 넘어야 한다. 그런데 그건 시험공부하는 방식으론 불가능하다. 인간관계는 그야말로 '지지고 볶는' 현장이다. 예전에는 학교에서도 인간관계에 수반되는 온갖 갈등을 체험할 수 있었다. 학교 자체가 공동체였기 때문이다. 특히 1987세대는 운동권 서클들의 본산인 학생회관(그리고 학교 주변의 술집)에서 인생의 대부분을 배웠다. 하지만 우리 시대 청년들에겐 이런 기회가 부재한다. 학교는 서비스 기관이 되었고, 핵가족은 너무 단출하고, 그나마도 스마트폰이 일상과 욕망을 잠식해 버렸다. 또 시험공부는 아주 고독한 솔로의 길이다. 대체 인간관계를 체험할 수 있는 코스가 어디 있는가. 그런데 일터는 스펙보다 관계가 더 핵심이다. 어떤 점에선 취준생일 때보다 더 힘들고 불안하다.

그래서 투자, 아니 투기를 하는 거라고? 참 이상한 도약이다. 거기에 골몰할수록 관계의 현장은 점점 더 좁아질 텐데? 어떻게 아느냐고? 그게 세상의 이치다. '관계가 실존에 선행한다'는 우주 불변의 이치. 여기서 실존을 화폐로 바꾸면 확실하게 이해될 것이다. 부와 재능, 미모와 인기 그 어떤 것도 인간관계를 해결해 주지 못한다. 또 관계가 무너지면 몸도 같이 무너진다. 공무원들의 스트레스 지수가 높아지고, 대기업 신입사원들의 이직률이 높아지는 것, 대박을 친 이후 가족이고 친구고 주변의 관계가 다 파탄에 이르는 것 등이 바로 그런 맥락이다.

또 하나. 현대 산업의 중심은 기본적으로 서비스업이다. 다시 말해 상품을 확대·과장해야만 실적을 올릴 수 있다. 이 점은 신체적·정서적으로 상당한 부담이 된다. "상품을 파는데, 늘 뻥튀기 해서 말하는 게 너무 싫어요. 일을 마치고 나면 뭔가 찜찜하고 우울해져요." 한 청년의 토로다. 당연하다. 거짓말을 습관적으로 하면서 마음이 편하다면 그건 이미 아픈 거다. 그것도 중증이다. 해서 이런 직업에 종사하다 보면 정신적으로 피폐해진다. 노동을 하는데도 당당하지가 않다. 늘 거짓말을 하는 자신이 싫어진다. 당연히 자존감이 떨어질 수밖에 없다. 이것이 바로 노동의 소외다. 이런 관점에서 보자면 자본주의하에서 이루어지는 '거의 모든' 노동은 소외다.

노동의 즐거움, 시장의 활력, 거기에서 얻는 삶의 의미, 이런 식의 배치는 상정조차 되지 않는다. 생산하고 창조하는 과정은 없고, 오직 그 이미지를 부풀려서 누군가를 미혹시켜야만 한다. 그 대가로 얻는 화폐가 사람 사이를 연결해 줄 리가 있겠는가. 그러니 설령 10년, 20년 동안 괜찮은 직업에 종사한다 해도 안정은 불가능하다.

그래서인가. 높은 연봉에 고액 연금이 보장됐음에도 투잡을 뛰거나 각종 투자에 골몰하는 이들이 적지 않다. 또 투자에 성공해서 상당한 자산을 확보했음에도 도무지 멈출 줄을 모른다. 왜 그럴까? 그거야말로 안정의 허구를 증명해 주는 단적인 사례다. 소유는 멈추는 법을 알지 못한다. 아무리 많이 가져도 채워지지 않는다. 아울러 자기가 하는 노동이 만족스럽지 않을 때 사람들은 뭔가에 골몰하고 싶어진다. 돈 때문이라는 건 어쩌면 핑계일지도 모른다. 불안과 공허함을 외면하고 싶은 욕망의 발로라고 보는 게 더 적절하다. 이게 바로 소외다. 결국 중년에도, 노년에도 안정은 없다. 화폐는 결코 인간에게 평온을 선사하지 않는다!

자, 이게 청년들 앞에 놓인 현실이다. 그럼 노동(정규직)과 소외, 이 둘 중에서 무엇이 더 핵심일까. 당연히 후자, 소외다. 삶의 소외가 더 근본적이다. 백수는 연봉과 연금에서 배제되었지만 대신 노동의 소외를 감내하지 않아도 된다. 물론 백수도 경제 활동을 한다. 백수가 하는 건 활동이지 노동이 아니다. 노동이 외부의 명령에 부응하는 것이라면, 활동은 내발적 동력에 기초한다.

원하는 때, 원하는 만큼, 원하는 일을 하는 것, 이게 활동이다. 따지고 보면 노래와 춤, 스포츠와 예능 등은 거의 다 여기에 속한다. 인기스타들도 타고난 재능을 자유롭게 펼치다 보니 돈을 벌게 된 것 아닌가. 보통사람도 그렇게 하면 되지 않을까. 예컨대, 나처럼 고전평론가라는 직업을 만들면 된다. 이 직업은 읽기와 쓰기와 말하기가 핵심이다. 읽고 쓰고 말하는 것처럼 평범한 활동이 어디 있는가. 그렇다. 특별한 재능이 아닌 평범한 활동으로도 얼마든지 새로운 직업을 만들 수 있다. 고전여행가, 지식매니저, 북튜버, 인문학래퍼 등등. 10년 전이면 당연히 비현실적이라고 고개를 저었을 것이다. 하지만 지금은 아니다. 누구든 고개를 끄덕일 수밖에.

포스트 코로나 시대가 본격화되면, 산업의 구조는 탄소에서 수소로 이동한다고 한다. 달리 말하면, 앞으로는 자연을 공격적으로 개발하는 건 불가능하다. 자연과의 공존을 모색하지 않고선 기후문제를 해결할 방법이 없기 때문이다. 거기다 대부분의 노동을 기계가 대체한다면, 전통적인 방식의 일자리는 대폭 줄어들 수밖에 없다. 대신 소규모의 디테일한 '경제 활동'은 다방면으로 확장될 전망이다. 임금노동이 아닌 경제 활동! 예측건대, 주로 사람과 사람, 사람과 자연, 사람과 동물 사이를 연결하는 영역에서 많은 직업이 탄생할 것이다. 예컨대, 코로나가 열어젖힌 온라인은 유튜브를 최고의 플랫폼으로 격상시켰다. 초등학생들의 꿈이 유튜버라는 건 이미 상식이다. 문제는 어떤 콘텐츠를 생산해 내느냐, 어떻게 소통과 공감을 이끌어 내느냐가 관건일 터, 화려한 이미지보다 스토리텔링이 더 중요한 이유다. 모름지기 진솔하고 소탈한 이야기가 바탕이 되어야 한다. 재미와 의미—핵심은 이 두 가지다. 그게 가능하면 삶의 모든 것이 다 유튜브 활동으로 이어질 수 있다. 생활이면서 공부고, 일이면서 놀이인 활동들.

당연히 수입은 불규칙할 것이다. 하지만 그 안에도 나름의 리듬이 있다. 지난 20년간 나의 백수 경험에 비추어 보면, 두세 달 정도의 수입만 확보되어도 절대 불안하지 않다. 오히려 그 불규칙함이 매 순간을 살아 있게 해준다. 솔직히 공무원이나 대기업을 다니면서 다시 주식이나 가상화폐 투자에 빠져 매일 롤러코스터를 타는 것보다는 훨씬 재미나다. 100세 시대를 살면서 노후라는 설정은 실로 추상이다. 아득한 미래를 위해, 그때 쓸지 안 쓸지도 모를 화폐를 계산하느라 현재를 압박하기보다 이 불규칙 바운딩이 주는 재미를 즐기면서 현재를 충만하게 사는 게 더 낫지 않을까. 그 충만한 순간들이 모여서 인생 전체가 된다는 걸 절대 잊지 않기를! 백수는 그런 시대를 앞당겨서 미리 실험하고 선취하는 존재다. 단, 안정이라는 망상의 그물망만 해체한다면!

연암도 청년기에 이 지점에 직면했던 것 같다. 자기 앞에 꽃길이 열려 있었건만, 연암에겐 그게 매혹적이기는커녕 위태롭게 여겨졌다. 안정이 보장될지도 의문이지만 당연히 재미나 활력 따위는 포기해야 한다. 대신 늘 삶의 본질에 가닿지 못한 데서 오는 공허함과 허무를 감당해야 한다.

처녀작인 『방경각외전』放璚閣外傳에는 청년 연암이 만난 건달, 신선, 괴짜노인 등의 인생극장이 펼쳐진다. 대체 연암 같은 로열패밀리가 왜 이런 '마이너리그'와 접속했을까? 주류에서 변방으로 눈을 돌린다는 건 기성의 전제와 가치에 대한 근본적 회의가 일었음을 의미한다. 양반의 윤리가 얼마나 타락했는지, 권력투쟁이 얼마나 잔혹한지, 부귀를 좇는 인생이 얼마나 지루한지… 등등. 그 어디에도 안정 같은 건 없다는 것을 사무치게 느끼는 과정이었으리라. 그럼 이제 선택해야 한다. 삶을 소외시키는 출세의 길인가? 아니면 소외로부터의 탈주인가? 청년 연암은 서슴없이 후자를 선택했다.

연암도 그 나름의 경제 활동을 하긴 했다. 연암협에 터를 잡은 것도 뽕나무를 심어 노후를 대비하겠다는 야심(?)에서였다. 평생 가난했지만 소외는 없었다. 그래서 역설적으로 이용후생利用厚生이나 경세치용經世致用에 남다른 안목이 있었다. 연암의 대표작 가운데 하나가 「허생전」이다. 허생은 연암의 분신이다. 남산

묵적골에서 7년째 독서만 하고 있던 중년 백수이지만 일단 세상으로 나오자 국가의 부를 쥐락펴락하는 경영의 달인이 된다. 돈의 흐름, 조선의 경제구조, 민심과 재물의 한계 등을 간파했기에 가능한 일이다.

50대 이후 연암도 늦깎이로 관직에 나선다. 집안의 가장이었던 형수님도 죽고 형님은 너무 늙고 그야말로 집안의 경제를 책임져야 하는 처지에서 '생계형 관직'에 나선 것이다. 남들은 은퇴를 하는 나이에 정규직이라니, 헐! 그때도 중앙정계에서는 환호했다. 드디어 이 사람이 정계에 진출하는구나, 하면서. 하지만 이번에도 연암은 적당한 해학과 우스갯소리로 넘겨 버리면서 지방의 한미한 관직을 전전한다. 연암의 태도는 확고했다. 생계를 유지할 정도의 녹봉에 최소한의 노동을 하고 나머지 시간은 독서와 글쓰기를 할 수 있으면 그것으로 족하다.

그렇다고 연암이 무능했다고 생각하면 오산이다. 안의현과 면천군의 원님 시절, 연암의 정치력은 실로 탁월했다. 사안의 핵심을 정확히 간파할뿐더러, 관용과 엄격함을 동시에 구사하는 아주 참신한 정치력을 발휘한다.

신해년(1791) 겨울 안의현감에 임명되어 다음해 정월 임지에 부임하셨다. 아버지(연암)의 평소 지론은 이러했다.

"백성들이 소소한 은혜만 알 뿐 큰 은덕을 모른다고 해서 고을 원들은 매양 소소한 은혜만 베풀어 명예를 구하고 있다. 그러나 이는 백성을 다스리는 요체를 알지 못한 탓이다. 고을 원은 오로지 큰 도리를 지켜서 백성을 동요시키지 않음을 요체로 삼아야 한다."

안의현은 산골마을로 호남과 영남 사이에 위치하여 풍속이 교활하고 사나웠다. 아버지(연암)께서 부임한 초기에 백성들이 이치에도 닿지 않는 시시콜콜한 일을 갖고 시험삼아 소송장을 내는 바람에 관청에는 소송문서가 산더미처럼 쌓였었다. 아버지는 그중 간사한 거짓말에 해당하는 것 10여 건을 엄중히 가려내어 물리쳐 버리셨다. 그러자 백성들은 관아를 나오며 서로 말하기를, "이 분은 총명한 원님이라 속일 수 없다"고 하면서 남들에게 함부로 요행을 바라지 말라고 주의를 주었다. 이에 몇 달이 안 되어 소송장이 줄어들었다.

-박종채, 『나의 아버지 박지원』, 박희병 옮김, 돌베개, 1998, 80쪽

이런 카리스마야말로 백수의 내공이 아니었을지. 노동의 소외에서 벗어나 늘 인정물태를 관찰할 수 있었기에 가능했으리라. 해서, 백수일 땐 불안과 결핍감에 시달리고, 정규직에 진입하면 소외와 스트레스를 감당해야 하는 우리 시대 청년들이 연암

의 지혜를 꼭 배웠으면 좋겠다. 진정한 백수는 프리랜서로 활동할 때나 혹은 '어쩌다 정규직'일 때나 삶의 기본을 잃지 않는다는 것, 그리고 그게 진짜 '백수의 품격'이라는 것을.

이 주제와 관련하여, 『청년, 연암을 만나다』에 등장하는 한 청년의 에피소드를 소개한다.

"주변에 어쩌다 보니 공무원 친구들이 많아졌다. (······) 짧게는 1년, 길게는 6년을 준비해서, 대부분의 친구들은 결국 공무원이 되었다. 정말 대단한 친구들이다! (······) 그런데 그 친구의 상태는 공무원을 준비할 때보다 더 나빠져 있었다. 발령받은 지 한 달 만에 공황장애가 왔고, 우리와 만나던 날에도 위염과 장염이 동시에 와서 먹는 걸 조심해야 한다고 했다. 왜 몸이 그 지경이 되었냐고 물으니, 민원 스트레스가 엄청나다고 한다. (······) 공무원이 된 지금, 친구에게 남은 건 너덜너덜한 몸과 지친 마음이었다. 꼴불견인 민원인을 상대하는 방법이 '원칙'과 '친절'밖에 없다니."

-원자연, 「50대 공무원, 연암에게서 온 편지」, 『청년, 연암을 만나다』, 115~116쪽

공무원이 되기까지도 험난하지만, 정작 되고 나서도 보다시피 안정 같은 건 없다. 이것이 소위 '레알'이다. 몸도 마음도 무너져 가는 친구들한테 뭐라도 도움이 되고 싶던 차, 마침 연암의

'슬기로운 공무원 생활'에 대한 글을 읽었다. 특히 "진휼을 펼치는 연암을 보고, 확신이 들었다. 이 마음이라면, 가능하겠다!" "친구와 연암의 이야기를 나눠 보고 싶다. 부디 이상적인 옛날 이야기로만 들리지 않았으면 좋겠다. '원칙'에 맞추어 '친절'히만 대하는 게 능사가 아니라고, 지금 너의 몸과 마음이 그 길이 아님을 알려 주고 있다고. 그렇다면?" "의례적인 친절로 환심을 살 수는 있지만, 해결책이 될 순 없다. 당장 민원을 막을 수는 있겠지만, 미봉책이 될 뿐이다. 힘들겠지만 조금만 더 힘을 써서 '주인의 예'를 갖춰 보면 어떨까? 주인은 권력을 행사하는 사람이 아니라 주도적으로 그 장(場)의 문제를 함께 겪는 사람이다."–원자연, 앞의 책, 119쪽 이 조언이 실제로 도움이 되었는지는 모르겠다. 하지만, 친구의 고민이 연암의 글로, 거기에서 얻은 지혜가 다시 친구와의 대화로 이어지는, 이 과정만으로도 충분히 멋지다. 중요한 건 '영혼 없는' 위로나 '썰렁한' 매뉴얼이 아니라 함께 열어 가는 현장이니까.

4. 밥벌이와 자존감

소비와 부채로부터의 해방

내가 몸담고 있는 공부공동체 감이당(&남산강학원)은 충무로 안쪽 필동에 있다. 뒤편이 바로 남산 산책로다. '도깨비 방망이'라는 뜻의 '깨봉빌딩' 두 층을 쓰고 있다. 2층은 감이당, 3층은 남산강학원. 덕분에 충무로의 번화함과 남산의 자연을 동시에 누리고 있다. 백수공동체가 도심 한복판에 있다고 하면 다들 놀라는 표정이다. 물론 비용이 꽤 든다. 대신 이점도 아주 많다. 먼저, 이렇게 도심에 자리를 잡으면 어디서건 접근이 용이하다. 또 주방과 게스트하우스를 갖추고 있어서 다방면으로 비용을 줄일 수 있다.

우리의 구호는 '공부로 자립하기!'(줄여서 '공자'프로젝트)다. 모든 세대에 다 해당되지만 특히 청년 백수한테 절실한 구호다. 백수는 '하류'가 아니다. 조용필의 「킬리만자로의 표범」에 나오는 가사처럼, '21세기가 간절히 원하는' 존재방식이다. 절대 기죽을 필요가 없다. 떳떳하고 당당해야 한다. 그 출발은 자립이다. 자립이라고 하면 즉각 정규직과 고액연봉을 떠올릴 것이다. 그게 아니면 자립은 도저히 불가능하다고. 절대 그렇지 않다! 이 전제를 타파하는 데서부터 자립은 시작된다.

자립의 첫 스텝은 일단 집으로부터의 독립이다. 청년이 되면, 더구나 백수의 경우는 가능한 한 집을 나와야 한다. 지방에서 서울로 상경하는 경우는 자연스럽게 그렇게 된다(나의 경우가 그랬다. 강원도 산골에서 중학교를 마치고 춘천으로 고등학교를 가면서 저절로 독립을 하게 되었다). 심지어 유학을 위해 어린 나이에 해외로 가기도 하지 않는가. 당연히 어른이 된다는 건 '출가/분가'를 의미한다(정 나오기 어려우면 가족과의 관계를 전면적으로 바꿔야 한다). 그래야 밥벌이를 스스로 해결하게 된다. 밥벌이란 의식주의 기본, 곧 생계를 뜻한다. '백수가 돈이 어딨어?'라고 생각할 것이다. 맞다. 돈이 필요하다. 하지만 돈이 전부는 아니다. 그보다는 생활력과 의지가 더 중요하다. 스스로 밥을 하고 먹고 치우고, 삼시세끼를 스스로 운용하는 능력 말이다. 청년들은 이 점에 아주 취약하다. 의식주 전반을 거의 대부분 부모(특히 엄마)한테 의존해 왔기 때문이다. 그러다 보니 20대가 되어도 집에서 설거지나 청소를 하는 일도 흔치 않다. 자기 방을 치우는 일조차 엄마의 손을 빌린다. 이건 일종의 '갑질'이다. 자식이 부모한테 자행하는! 방은 엉망진창이고, 식사는 낮밤을 뒤바꿔 제멋대로 하는 이런 습관을 과감하게 청산하는 것이 자립의 출발이다. 적폐 청산은 정치인들한테만 해당되는 말이 아니다. 가족관계야말로 갑질과 적폐의 온실이다. 그래서 집을 나와야 한다.

집을 나오면 일단 삼시세끼를 스스로 감당할 수밖에 없다. 당연히 돈에 대한 태도도 달라진다. 한푼한푼이 그렇게 소중할 수가 없다. 밥 한 끼에 담긴 깊은 뜻을 음미할 수 있다면! 그게 바로 밥벌이의 자존감이다. 당연히 알바든 비정규직이든 경제 활동도 활기를 띠게 된다. 그때부터 비로소 경제적 주체가 된다. 삼시세끼를 직접 운용하지 않고서는 정규직에 고액연봉을 받는다 한들 자립은 없다. 결국 누군가의 케어에 의존해야 하니까. 결국 누군가의 노동을 착취해야 하니까. 특히 정서적 의존은 절대 돈으로 해소되지 않는다. 돈이 있어야 자립하는 게 아니고, 자립을 할 때 비로소 경제 활동이 시작된다는 것, 잊지 마시라.

당연한 말이지만, 서울 한복판에서 혼자 해결하기는 좀 버겁다. 지역마다 마을마다 공동체가 필요한 이유다. 감이당(&남산강학원)은 공동주방이 있고 밥값은 한끼에 2,500원이다. 아침은 무료니까 대략 13만~15만 원 정도면 한 달의 밥값이 해결된다. 대신 하루 종일 공부하고 산책하고 이야기를 나눌 수 있는 공간이 있다. 소위 가성비 만점이다! 문제는 주거공간인데, 그것도 사람이 모이면 길이 열린다. 서너 명, 혹은 두세 명이 셰어하우스를 하면 된다. 도심 한복판에서도 월 20만 원 정도면 꽤 양질의 주택에서 살 수 있다. 앞으론 '셰어하우스'가 대세가 될 테니 미리 체험해 본다는 차원에서도 아주 유용하다. 거기에다 개인적 용돈이나 세미나 회비 등을 합치면 월 70만 원 정도면 최소한의 자립이 가능하다. 한때 청년세대를 일컬어 88만원세대라고 부른 적이 있다. 우리 기준에선 88만 원이면 저축도 할 수 있다. 그리고 그 정도를 벌 수 있는 알바는 얼마든지 있다. 감이당(&남산강학원) 청년의 경우, 서빙이나 활보(장애인활동보조)를 주로 하지만 청년들이 많아지면서 자연스럽게 공동체 안에서도 청년 일자리가 다방면으로 창출되는 중이다(자세한 이야기는 4장에서). 사람이 모이면 돈도 함께 흐르는 이치다.

의식주의 기초가 해결되면 그다음에 중요한 건 네트워크다. 혈연을 벗어나 사람과 사람 사이의 연결망을 구축해야 한다. 사람들이 정규직을 그토록 원하는 것도 돈이 전부는 아니다. 사람을 만나는 현장을 확보하기 위해서다. 백수들 역시 마찬가지다. 밥벌이에는 반드시 네트워크가 수반되어야 한다. '알바, 혼밥, 피씨방과 고시원' 하는 식으로 이어지는 건 최악이다. '숨 막힐 듯

답답한' 이런 코스를 바꾸어야 한다. 그래서 공동체적 실험이 중요한 것이다.

그런데 이런 경제적 실험을 하다가 놀라운 사실을 하나 발견했다. 대부분의 청년들이 빚이 많다는 사실이다. 학자금 빚이야 그렇다 치고, 그 외에도 이런저런 카드빚이 꽤 있었다. 밥벌이가 어려우니 그랬겠지, 생각했는데 그게 아니었다. 부채의 원인은 밥벌이랑 상관없는 소비 충동 때문이었다. 일반적 상식으로는 수입이 없으면 소비가 줄어야 마땅하다. 그런데 그렇지가 않았다. 소비는 늘 수입을 앞질러 간다. 백수만 그런 게 아니고, 정규직은 더하다. 연봉 5천을 받으면 소비는 연봉 1억에 맞춰진다. 우리나라의 부채 상승률이 어마어마한 이유도 알 듯하다. 쇼핑은 생필품의 범위를 넘어 취미활동이자 스트레스 해소책이었다. 심지어 아무 이유도 목적도 없는 맹목적 코스이기도 하다. 그러니 알바비를 모아 한바탕 소비로 풀고 나면 다시 마이너스. 그걸 또 메우려다 보니 다시 무리수를 두게 되고. 소위 '돌려막기'가 다반사로 일어난다. 더 놀라운 사실은 그렇게 불어난 빚을 갚을 생각조차 안 한다는 것이다. 그러니 저축을 하겠다는 생각은 더더욱. 오 마이 갓!

그래서 확실히 알게 되었다. 자립의 최고 걸림돌은 소비와 부채라는 사실을. 『동의보감』을 빗대어 말하자면, 소비는 정기를 소모시키고 부채는 기혈을 탁하게 한다. 빚을 짊어지고 살면 존재가 무거워진다. 몸 안에 담음痰飮이 쌓인 거나 마찬가지다. 담음은 당장 나를 병들게 하지는 않지만 무의식 안에 차곡차곡 새겨져 지속적으로 발목을 잡는다. 일종의 중력장치인 셈이다. 자존감이 떨어지는 것도 그와 무관하지 않다. 쇼핑은 충동이고 부채는 의존성이다. 충동에 휘둘리고 의존성이 강화되면 멘탈은 점점 불안하고 나약해진다. 백수에겐 자존감이 생명인데, 이게 어떻게 작고 사소한 문제일 수 있는가?

연암이 실학자라는 건 다들 알 것이다. 실학이 뭔가? 추상적이고 모호한 탁상공론이 아니라 실제 현실을 중시하는 지적 트랜드였다. 저 멀리 중국이 아닌, '지금, 여기' 내 눈앞에 펼쳐지는 '레알'을 응시하자는 지성사의 새로운 흐름이었다. 연암은 벽돌, 수레, 온돌 등 기술지에도 '빠삭'했다. 관직도 일찌감치 포기한 사람이 그런 지식은 워디에 쓰려고? 바로 이렇게 반문할 것이다. 하지만 진정한 실용은 자신의 삶에 유용한 것이 무엇인지를 아는 힘이다. 연암이 백수로 거뜬히 살아갈 수 있었던 동력도 바로 이 현실주의에 있었다.

전후에 보낸 소고기 장볶이는 잘 받아서 조석간에 반찬으로 하니? 왜 한 번도 좋은지 어떤지 말이 없니? 무람없다, 무람없어. 난 그게 포첩脯貼이나 장조림 따위의 반찬보다 나은 것 같더라. 고추장은 내 손으로 담근 것이다. 맛이 좋은지 어떤지 자세히 말해 주면 앞으로도 계속 두 물건을 인편에 보낼지 말지 결정하겠다.

-박지원, 『고추장 작은 단지를 보내니』, 박희병 옮김, 돌베개, 2005, 35쪽

연암이 노년에 생계형 관직에 나서 지방을 떠돌 때 자식들한테 보낸 편지다. 볶은 고추장을 직접 만들어서 보냈다는 내용이다. 조선 시대, 그것도 사대부 남성이 고추장을 담그고 요리를 해서 자식들한테 보내다니! '무람없다'는 요즘식으로 표현하면 '짜증난다' 혹은 '참 경우 없다'에 가깝다. 맛에 대한 리액션이 없냐고 잔소리를 하는 걸 보면 진짜 셰프임에 분명하다. 요즘처럼 먹방 전성시대에도 남성들이 집에서 요리나 살림을 담당하는 경우는 드물다. 그런데 신분제에 남존여비 사상이 뚜렷했던 조선 시대에, 명문가 사대부 남성이, 그것도 고을원님이 고추장을 담그다니. 와우~ 이게 진정 생활력이자 자존감이다.

돈에 대해서도 마찬가지다. 돈에 대한 그의 태도는 한마디로 '앗쌀!'하다. 친구와 술과 여행을 좋아해서 주변 지인들한테 많은 도움을 받았지만 빚지는 건 절대 못 참았다. 관련 에피소드 하나. 연암이 개성의 연암협에 은둔하고 있을 때였다. 절친인 유언호가 개성유수를 그만두면서 칙수전 1,000냥을 연암에게 융통해

주었다. 말하자면, 공금을 대출해 준 것이다. 그 소식을 듣고는 당시 연암한테 공부를 배운 인근의 학인들이 돈을 분담해 갚아 주었다. 연암협을 떠날 때에 비로소 그 사실을 알게 되었지만 연암은 아무런 내색을 하지 않았다. 시간이 한참 흐른 뒤, 안의현감으로 부임하자 첫해의 녹봉을 떼어 그 돈을 바로! 갚았다. 사람들은 모두 놀라고 탄복해 마지않았다.

삶은 '레알'이다. '레알'에 충실하려면 디테일에 강해야 한다. 악마는 디테일에 있다고 하지 않던가. 그 말은 디테일의 파워가 그만큼 강력하다는 뜻일 터, 일상의 악마는 소비와 부채다. 그 악마에게 낚이지 않으려면 생활의 전 과정에서 거품을 걷어 내야 한다. 치밀하게 단호하게! 다행히 요즘엔 전 세계적으로 '미니멀리즘'이 부상하는 중이다. 일본에선 '필요 없는 물건을 없애고, 지출을 최대한 줄이는' 0엔 생활의 추구가 대세라고 한다. 경제가 어려워서 그런 것만은 아니다. 오히려 그동안의 물질적 풍요에 질린 점도 크다. 솔직히 중산층 아파트를 장식하는 온갖 인테리어와 상품들 중에 꼭 필요한 것이 얼마나 될까, 또 그 물건들과 교감하는 시간이 얼마나 될까. 하긴 그 이전에 아파트 자체가 주거공간이 아니라 거대한 상품이다. 거기에서 좋은 삶, 좋은 관계가 만들어지기는 애시당초 글렀다. 그러니 그런 삶에 회의가 드는 건 지극히 당연하다. 코로나 이후 이런 생활방식은 전 인류적 대안으로 부상할 조짐이다. 기후문제, 자연과의 공존이라는 과제를 수행하려면 달리 방법이 없지 않은가.

　백수들은 이런 흐름을 적극 활용해야 한다. 이런 시대에 소비충동에 휩싸여 쓸데없는 물건을 '사대는' 것은 정말 후진 일이다. 그 물건들이 쓰레기가 되는 건 시간문제다. 그 쓰레기들이 바다를 오염시키고 물고기들의 떼죽음을 불러오고 생태계를 교란하고…. 아, 생각만 해도 끔찍하다. 이렇게 생각하면 소비충동에서 벗어나기 쉽지 않을까? 소비를 줄일 수 있다면 부채에서 벗어나는 건 시간문제다. 그리고 소비와 부채의 망령만 떨쳐내도 두 발로 당당하게 걸을 수 있다. 그게 바로 자립의 진수다. 포스트 코로나 시대를 열어 가는 문명적 비전이기도 하고.

5. 대박은 정말 '대박'일까?

생명주권을 수호하라!

작년 여름 우연히 비트코인의 역사를 다룬 다큐멘터리 〈비트코인—암호화폐에 베팅하라〉(Banking on Bitcoin, 크리스토퍼 카누치아리 감독)를 보며 시대 공부를 했다. 다큐 첫머리에 "화폐제도는 한마디로 회계시스템"이라고 정의를 내린다. 이어서 인터넷 기술의 발달로 개인간(P2P) 방식의 '정직한' 회계시스템이 가능하게 되었는데 이 기술로 새 화폐시스템을 만들어 가 보자며 좌충우돌하는 청년들의 모습을 보여 준다.

나는 다큐를 보면서 불안한 미래 실험에 참여하는 다양한 청년들의 열정적 모습에 감동을 받았다. 특히 이들이 2008년 월가 파동이 터진 직후, 그러니까 국가와 중앙은행 간의 부적절한 관계가 만천하에 드러난 시점에 활동을 본격화한 것이 마음에 들었다.

6개월이 지나 한국에서 나는 김치 프리미엄 등의 단어와 함께 비트코인 투기/투자로 난리가 난 동네를 만난다. 또 비트코인 중심에는 2030세대가 있다는 것을 알게 되었다. (……)

스물아홉 살 회사원은 이 열풍은 한탕주의, 도박 등이 만연해 있고 집값, 결혼 비용, 육아 비용 등의 부담을 사회가 줄여 주지 못했기 때문이라고 했고, 스물일곱 살 취업준비생은 부동산 신화처럼 '사두면 무조건 이익을 볼 수 있다'는 믿음 아래 퍼지고 있다면서 자산이 없는 세대가 단돈 몇만 원을 투자해 수십, 수백 배까지 돈을 불릴 수 있는 '기회의 장'을 놓치지 않으려 한다고 했다. 매달 넣는 적금 이자에 비해 '한방에 많은 돈을 얻을 수 있는 기회가 생기니 눈이 뒤집혔다'거나, 서른네 살 자영업자는 '부모 세대가 부동산·주식에 열광했듯 비트코인에 열광한다'는 표현을 썼다.

–조한혜정, 「비트코인 광풍과 88만원세대」, 『한겨레』, 2018년 1월 23일자

이미 언급했듯이, 2017년 겨울 비트코인 광풍이 몰아닥쳤다. 이 칼럼은 광풍의 초기적 국면을 전하고 있다. 그로부터 4년 뒤, 2021년 여름을 통과하는 지금은? 그때가 광풍이라면 지금은 허리케인이다. 그때는 비트코인이 가상화폐를 대신하는 수준이었다면, 지금은 비트코인을 포함하여 페이코인, 도지코인 등 별의

별 코인들이 날마다 탄생하고 있다. 또 날마다 소멸하고 있다. 코로나 바이러스의 변이만큼이나 맹위를 떨치는 중이다. 코로나 바이러스 덕분에 전 국민이 생물학자가 되었다면, 가상화폐 덕분에 전 국민이 금융전문가가 되어 가는 중이다. 가상화폐, 블록체인, P2P 등등. 위의 칼럼에도 나오지만 은행, 화폐, 국가를 둘러싼 배치가 새로운 국면에 접어든 건 분명한 듯하다. 하긴 이 무상한 세계에서 은행이고 화폐고 영원할 리가 있겠는가.

그럼에도 불구하고 그것이 개인의 삶에 작용하는 방식은 결국 투기, 도박, 한탕으로 환원된다. 놀라웠다. 앞의 「인트로」에서도 밝혔듯이, 왜 모든 혁명은 결국 한탕주의로 귀결되는가. 산업화세대가 부동산 투기에 올인했다면, 민주화세대는 주식 투자에, 그리고 이제 2030은 비트코인에 열광한다. 목적은 오직 하나, 대박~! 대박이란 중간과정 없이 단번에 거금을 움켜쥐는 것, 쉽게 말해 일확천금! 결국 산업화세대도, 민주화세대도, 디지털세대도 생의 목적은 오직 대박뿐! 아, 이 지독한 동어반복이라니. 제도의 혁명, 기술의 혁신이 결코 사유와 윤리의 질적 전환으로 이어지는 건 아니라는 사실을 새삼 확인하게 된 셈이다.

물론 아주 중요한 차이가 있긴 하다. 가상화폐는 부동산이나 주식에 비해 몹시 빠르고 변화무쌍하다는 것, 그리고 24시간 내내 장이 열린다는 사실이다. 잠자는 시간에도, 화장실 다녀오는 시간에도 그래프는 쉴 새 없이 요동친다.——"가상화폐가 폭등·폭락하는 꿈을 꾸고 깨자마자 거래소 앱을 켠다. 일도 손에 안 잡힌다", "콘돔이 가상화폐 '퀀텀'으로 들리고, 축구 게임을 하다가 리플(리플레이) 보라는 말에 가상화폐 '리플' 가격이 올랐나 보다 하고 시세를 확인했다"-「가상화폐 투자자들, 요동치는 시세에 우울증·분노장애 호소」, 『연합뉴스』, 2018년 1월 19일자는 고백들이 증명하는바, 찰나도 눈을 뗄 수가 없다. 한마디로 생명 활동의 전 과정이 오롯이 붙들려 있다. 그래프의 요동이 희로애락의 파동을 만들어 내고, 의식을 넘어 무의식 혹은 심층의 영혼마저 그 파동에서 자유로울 수 없다. 누군가의 표현처럼, '살아 움직이는 괴생명체' 같은 화폐다. 비트코인의 요동치는 그래프가 곧 투자자들의 마음의 행로라고 생각하면 된다. 속도와 과열! 이것은 이전의 투기와는 클래스가 다르다.

자, 여기서부터 찬찬히 짚어 보자. 왜 2030도 여전히 대박에의 꿈을 버리지 못하는가? "이들의 꿈은 '평범한 삶'을 살기 위한 집과 연애와 결혼이다. 부모가 했던 것처럼 '투자'를 제대로 해서 마지막 꿈을 이루어 볼 참이라고 한다"는 칼럼의 내용에서 보듯, 꿈의 내용은 집과 연애와 결혼, 한마디로 스위트홈의 구현이다. 맙소사! 이건 정말이지 낡아도 너무 낡았다. 20세기를 장식했던 산업화, 아날로그, 민족, 혁명 등의 거대담론과 연계된 설정 아닌가. 지금은 21세기다. 거대담론은 증발된 지 오래고, 디지털은 국경의 장벽을 계속 낮추면서 글로벌 시대를 열어 가고 있는 중이다. 핵가족 제도는 붕괴되었고 스위트홈의 망상 역시 증발하고 있다. 단적으로 1인가구가 4인가구를 능가한 지 오래다. 더 무슨 증거가 필요하단 말인가. 이런 마당에 그걸 위해서 대박이 필요하고, 그래서 비트코인에 올인한다고? 말도 안 된다!

일단 2030은 비트코인에 투자할 만한 자본이 없다. 겨우 몇십만 원 단위를 넣었다 뺐다 하는 수준이다. 그럼 그렇게 번 돈은? 소소하게는 용돈으로, 좀 크다 싶으면 명품쇼핑 아니면 해외여행. 쉽게 말해 소비 욕망을 충족하는 데 사용된다. 그걸로 집과 연애, 결혼을 해결한다는 건 애시당초 불가능하다. 좀 크게 베팅하려면 어디선가 자본을 끌어와야 한다. 결국 빚쟁이가 되어야 한다. 그 경우, 시세가 떨어지면 완전 쪽박이다. 우울증에 자살충동까지 걷잡을 수 없게 된다. 실제로 중국에선 투자에 실패한 한 청년이 횡단보도 앞에서 시속 108km로 급가속해 폭주하다 무고한 행인 여러 명을 죽거나 다치게 하는 사건이 벌어지기도 했다. 자기를 망치고 세상을 파괴한다는 게 바로 이런 케이스다.

간혹 대박을 쳐서 흙수저를 탈출하게 되었다 치자. 그럼 스위트홈이 가능한가? 단언컨대, 불가능하다! 돈이 없어서 연애하기 힘들다는 건 이해할 수 있다. 하지만 그 반대는 성립되지 않는다. 돈만 있으면 연애와 결혼에 골인할 수 있다고? 천만의 말씀이다. 그렇다면 대기업 직원들은 다 결혼과 출산에 성공해야 한다. 그런가? 당연히 그렇지 않다. 문제는 돈이 아니다! 관계를 맺는 능력이 핵심인데, 하루 24시간 내내 비트코인을 따라 감정이 요동치는데, 그런 사람이 어떻게 타자와의 교감이 가능하단 말인가? 누군가를 사랑하는 일이 가능하단 말인가? 더 중요한 건 비트코인으로 대박을 치고 나면, 그다음에 과연 평범한 일상을 영위할 수 있을까? 역시 불가능하다! 생리가 비트코인의 리듬에 맞춰진 탓이다. 처음에는 돈이 목표였을지 모르지만, 대박을 친 이후에는 돈은 차라리 부차적이 된다. 남는 건 생리적 파동뿐! 단지 그 롤러코스터를 즐기고 싶을 뿐이다. 격렬하게 화끈하게! 중독 중에서 가장 센 중독이 도박인 이유도 거기에 있다.

왜 그동안 수많은 혁명을 거쳤지만 여전히 인간은 투기자본에 열광하는가? 고도의 압축성장을 했음에도 우리는 늘 경제는 어렵고 살기가 팍팍하다는 푸념을 그치지 않는가? 대체 이 푸념은 언제 끝나는가? 정치경제학은 거기에 답할 수 없다. 이제 필요한 척도는 생명 주권이다. 화폐든 투기든 생명이라는 차원에서 접근해야 한다. 생명력의 핵심은 소통과 순환이다. 내가 벌고 쓰는 화폐가 그 원칙에 조응하는가 아닌가를 본격적으로 탐구해야 한다. 소비는 과도한 발산으로 생명의 리듬에 반한다. 투기는 말할 것도 없다. 내가 돈을 따는 순간 누군가는 잃어야 한다. 일종의 약탈이다. 대박은? 불통의 극치다. 일확천금을 따는 순간, 누군가는 한강에 몸을 던지고 있을 것이다. 시속 108km로 횡단보도를 폭주하고 있을 것이다. 당연히 그 원한과 증오를 떠안아야 한다. 더 치명적인 것은 대박을 쳤음에도 멈출 수가 없다는 사실이다. 더 큰 대박을 향해 또 한번 올인! 결과는? 몸이 부서지고 삶이 무너진다. 그래서 재앙이다.

연암이 백수로 살았다고 하면 다들 집안빽이 좋으니까, 본투비 천재였으니까, 하면서 결국 외적(특히 경제적) 조건의 문제로 해석하곤 한다. 그야말로 환경결정론이다. 그렇게 따지면 우리 시대 중상류층 엘리트들은 다 연암같이 살 수 있어야 한다. 그렇지 않은가? 쩝! 가문이 대단했던 건 맞지만 연암 집안은 일찌감치 청빈을 모토로 삼았던 까닭에 절대 넉넉하지 않았다. 유년기의 기록을 보면 집이 너무 좁아서 그 어린 나이에 친구들과 힘을 합쳐 방을 따로 짓는 장면이 나오기도 한다. 연암협에 터를 잡고 뽕나무를 기른 것도 자급자족을 위한 것이지 전원 취향과는 거리가 멀다. 얼마나 가난했으면 쉰이 넘은 나이에 적성에 맞지도 않는 생계형 관직에 나섰겠는가.

그럼에도 그가 평생 자유인으로 살 수 있었던 것은 돈에 대한 아주 확고한 철학이 있었기 때문이다. 「양반전」에서 갈파했듯 기득권층의 부는 거의 도적질에 가깝다. 도적질을 하지 않고 살려면 돈에 대한 욕망을 다스릴 수 있어야 한다.

> 무릇 제 것이 아닌데도 가지는 것을 '도'盜라 부르고, 생물을 잔인
> 하게 해치는 것을 '적'賊이라 부른다. 너희들이 하는 짓이란 밤낮
> 으로 허겁지겁하면서 팔을 휘두르고 눈을 부릅뜬 채 남의 것을
> 낚아채고도 부끄러워하지 않는 것이다. 심지어는 돈을 '형님'이라
> 부르거나 아내를 죽이고 장수 자리를 얻으니, 인륜 도덕을 다시
> 논할 수가 없을 지경이다.
>
> -박지원, 「호질」, 『세계 최고의 여행기 열하일기』(하), 고미숙·길진숙·김풍기 옮김,
>
> 북드라망, 2013, 68쪽

> 나는 바란다. 천하의 사람들에게, 황금이 있다고 해서 반드시 기
> 뻐할 일도 아니요, 없다고 해서 반드시 슬퍼할 일도 아니다. 이유
> 도 없이 자기 앞에 황금이 굴러들면 천둥이 치는 것처럼 놀라고
> 귀신을 만난 듯 무서워하며, 길을 가다가 수풀에서 뱀을 만나 머
> 리칼이 쭈뼛 서도록 소스라쳐서 물러나듯이 해야 할 것이다.
>
> -박지원, 「황금대기」, 『세계 최고의 여행기 열하일기』(하), 125쪽

이게 돈에 대한 평소 연암의 지론이다. 말만 이렇게 한 게 아
니라 실제로도 그렇게 살았다. 좋은 예가 있다. 고을 원님 노릇을

하던 시절 뜻밖에 한몫 잡을 기회가 있었다. 법적으로 전혀 문제가 없었음에도 연암은 일언지하에 거절한다.

> "나는 다만 연암골의 가난한 선비에 불과하오. 하루아침에 만금을 횡재해서 부자가 되는 일이 나의 본분에 맞는 일이겠소?"
>
> -박종채, 『나의 아버지 박지원』, 86쪽

연암에 따르면, 돈은 그 자체로 흐름이고 인연이다. 따라서 내가 횡재를 한다면 그 돈에는 수많은 피땀과 원한이 담겨 있음을 알아야 한다. 그걸 모른다면 정말 바보다! 하긴, 자본주의는 사람들을 바보로 만든다. 오직 화폐의 양만 계산하게 함으로써. 해서 굴러온 돈을 덥석 움켜 잡는 순간, 나는 그 모든 악연에 연루된다. 그 업장을 대체 어찌 감당할 것인가? 재벌들의 성격 파탄과 로또 맞은 이들의 불행이 그 단적인 증거다.

백수는 노동의 소외에서 벗어난 존재다. 백수의 경제는 노동의 대가가 아니라 활동의 산물이다. 당연히 소비와 부채에서 자유로워야 한다. 동시에 투기자본에도 포획되지 않아야 한다. 그래서 필요한 건 철학이다. 돈과 인간의 관계에 대한 인식론적 태도! 그게 바로 백수의 생명 주권이다. 청년들이 이 원칙만 잘 수호해도 세상의 부조리와 모순은 상당부분 타파될 것이다. 참으로 멋지지 않은가! 참으로 쉽지 않은가!

　연암은 당대의 모순과 비리를 누구보다 잘 알았지만 그에 맞서 정면으로 대결하지 않았다. 그 모순과 비리의 원천에는 결국 인간의 탐욕과 충동이 자리하고 있음을 간파했기 때문이다. 핵심은 그 탐욕과 충동의 그물에서 벗어나는 것이다. 하여, 그저 자신의 본성대로 살았을 뿐이다. 떳떳하게 자유롭게! 그것이 18세기 지성사를 연 원동력이다. 백수도 그렇다. 사회를 탓하고 시대를 원망하는 건 실로 허망한 노릇이다. 앞서도 말했듯이 20세기 내내 우리나라는 수많은 개혁과 혁명, 혁신을 시도해 왔다. 하지만 결론은 늘 투기자본, 그리고 대박의 꿈!

　정말 지겹다. 과연 이 습속과 패턴이 전복되는 날이 오기는 할까? 모르겠다! 하긴 이런 질문도 허망하긴 하다. 그런 날이 온 다음부터 사는 건 아니지 않는가? 그런 날이 오든 안 오든 일단 살고 봐야 하지 않을까? 또 이왕 살 바에는 잘 살아야 하는 거 아닐까? 잘 살려면, 다시 말해, 좋은 삶을 살려면, 무엇보다 소외와 소비, 한탕주의에서 벗어나야 하지 않을까? 소외에 찌들고, 소비에 물들고, 한탕주의에 빠진 채 잘 사는 길이 과연 가능할까? 그게 쉽냐고? 맞다, 어렵다. 매 순간 자본과 상품의 전방위적 유혹이 쓰나미처럼 밀려오는데, 그걸 떨쳐내기가 얼마나 어렵겠는가. 하지만 자포자기는 금물이다. 단번에 벗어나기 어렵다면, 매번 조금씩, 날마다 한 걸음씩 벗어나는 건 할 수 있지 않을까? 그러다 보면 어느새 저만큼 달아날 수 있게 되지 않을까? 어차피 단번에 이루어지는 일 같은 건 없다. 멀리 보고 길게 가야 한다. 느긋하게 또 끈기 있게! 물론 이 지난한(하지만 지고한) 전투를 멈추지 않으려면 가슴속에 깊이깊이 새겨야 한다. 청춘의 푸르른 생명력을 복원하는 것, 그보다 더 급진적이고 그보다 더 혁명적인 실천은 없다는 사실을.

6. 슬기로운 백수생활

당당하게 유쾌하게!

〈세상을 바꾸는 시간, 15분〉(세바시)이라는 프로그램에서 강연을 한 적이 있다. 보통은 『열하일기』나 『동의보감』, 『임꺽정』 같은 고전을 주제로 이야기를 하는데, 주제를 결정해 달라는 요청을 받자마자 번쩍 떠오른 영감이 있었으니, 그게 바로 이 책의 맹아가 되었던 '백수의 정치경제학'이다. 소크라테스, 공자, 부처, 노자… 이들의 사회경제적 지위를 우리 시대의 언어로 치환하면 '백수'다. 그리스·로마 시대의 귀족과 자유인, 조선 시대의 양반, 인도의 브라만. 이들의 공통점 역시 백수다. 직업과 노동에서 벗어나 있다는 점에서. 그렇다면 백수야말로 인류가 지향하는 가장 고매하고도 보편적인 코스가 아닐까, 이런 식의 이야기를 했는데, 놀라웠던 건 그때 그 강당에 있었던 청년, 중년들의 열광적

반응이었다. 백수를 찬미하는 말에 이토록 유쾌하게 응답하다니. 마치 가슴속에 구멍이 뻥 뚫린 것 같은 표정들이었다. 더 놀라웠던 건 〈세바시〉를 기획하고 촬영한 스태프들의 반응이었다. 그들은 '멀쩡한' 직업을 갖고 있는 능력자들이면서도 누구보다 열렬하게 호응했다. 이건 또 뭐지? 그들도 사실은 백수가 되고 싶었던 건가? 암튼 그날 이후 나는 의기양양하게 백수에 대한 이야기를 사방팔방 퍼뜨리고 다녔다.

이 현상이 의미하는 바는 간단하다. 이미 사람들의 마음속에는 백수에의 열망이 파동치고 있다는 것. 다만 그걸 어떻게 공공연한 담론으로 끄집어낼지를 잘 몰랐을 뿐이다. 합리화라고 해도 무방하다. 어차피 모든 가치와 상식은 합리화의 산물이니까. 노동과 화폐, 소비와 과시가 성공의 척도라는 것 역시 시대적 합리화에 불과하다. 혹은 이데올로기적 망상이라고 해도 무방하다. 거기에 깊이 세뇌가 되면 다들 진리(도그마)로 신봉하게 된다. 하지만 세상이 바뀌면 마음도 진리도 바뀐다. 아니, 바뀌어야 한다! 하지만 대개는 이전의 척도에 매여서 세상의 변화는 물론 마음의 변화도 인정하지 않으려 든다. 두렵기 때문이다. 지금이 딱 그렇다. 한편으론 백수로 살고 싶은데, 다른 한편으론 백수로 사는 데 대한 불안과 죄의식을 느끼는 이중플레이를 하는 것이다. 이때 필요한 것은 솔직함이다.

솔직히 말하자! 정말로 평생 정규직에 묶이고 싶은가? 매일 출퇴근을 하고, '영혼 없는' 대사를 주고받으면서, 똑같은 노동을 쳇바퀴처럼 반복하기를 원하는가? 아닐 것이다. 나는 그렇게 믿는다! 〈세바시〉뿐 아니라 전국 각지에서, 또 1080세대를 두루 만나면서 현장에서 생생하게 느꼈다. 백수는 더 이상 청년만의 문제가 아니다. 중년 백수, 정년 백수, 노년 백수. 그런 점에서 백수는 더 이상 특별한 상태가 아니다. 보편적인 존재 조건이다. 누구든, 언제든 백수가 된다. 그러므로 이제 취업에 성공했건 아니건 간에 누구든 백수의 지혜를 터득해야 한다. 백수가 행복해야 정규직도 노동과 소외에서 해방될 수 있다. 이름하여, 슬기로운 백수 생활!

자, 이 정도면 인식론적 무장은 됐고. 그다음에 할 일은 신체적으로 그것을 표현해 내는 것이다. 백수라고 '쫄면' 안 된다. 당당해야 한다. 그리고 유쾌해야 한다. 정규직이 '타임푸어'라면 백수는 '타임리치'다. 청년 백수는 그야말로 타임 '슈퍼리치'다. 모두가 바쁘다고 동동거릴 때 한없이 여유를 즐길 수 있는 몹시 '고귀한' 존재다. 시간이 많다는 건 삶의 스텝을 세밀하게 클로즈업할 수 있다는 뜻이다. 예컨대, 계절의 변화를 깊이 음미한다거나 도시의 곳곳을 탐사한다거나 마음의 흐름을 잘 살핀다거나 하는 일들. 가족이건 친구건 관계에서 오는 다양한 변화를 깊이 되새겨 볼 수도 있다. 이런 기회를 잘 활용하면 신체적 공감력이 대폭 확장될 것이다. 인생과 세상을 보는 시선도 달라지게 된다.

이것과 관련해서는 2021년 오스카 작품상을 받은 영화 〈노매드 랜드〉(클로이 자오 감독)가 좋은 텍스트다. 공장이 문을 닫고 마을이 사라지고 가족이 세상을 떠나자 자가용 한 대에 의지하여 길 위에 나선 사람들, 그들이 바로 노매드다. 백수의 '아메리카 버전'이라고 할까. 사람들은 생각할 것이다. 이들은 다시 마을로, 공장으로, 집으로 돌아가기를 소망할 거라고. 하지만 그렇지 않다. 주인공은 다시 '지붕이 덮인 보금자리'로 돌아가지 않는다. 왜? 길 위에서 맛본 자연과의 교감, 낯선 이들과 주고받는 스토리텔링, 매일 떠날 수 있는 자유. 이 모든 것이 집에서는 가능하지 않기 때문이다. 백수들은 충분히 공감할 수 있는 내용이다.

이런 식의 시선 전환이 유머와 위트를 야기한다. 일상을 매끄럽게 운용하고, 신체가 유연해지는 것, 이것이 슬기로운 백수 생활의 핵심이다. 고수는 서두르지 않는다. 내공이 있으니까. 백수도 서두르지 않는다. 시간이 많으니까. 경제 활동의 폭도 넓어진다. 명랑하고 당당한 사람들은 인복이 많다. 자연스럽게 주변에 사람이 모이는 법이다. 사람이 모이면 밥이 생긴다. 알바 자리도 생긴다. 같이 재미난 활동을 기획할 수도 있다. 밥은 밥을 부르고, 친구는 친구로 이어진다.

연암은 가난했다. 그렇지만 그는 가난 때문에 찌들지도 고립되지도 않았다. 백수의 슬기가 넘쳤기 때문이다.

진채 땅(공자가 진나라, 채나라 대부들에 의해 7일을 굶은 곳)에 놓인지라 사정이 몹시 어렵네. 도를 행하느라 그런 것은 아니라네. (안회가) 누추한 골목에 살면서 즐거운 것이 무엇이냐고 망령되이 묻던 일을 지금과 견주어 본다네. 무릎을 꿇지 않은 지 오래되었네(벼슬을 하지 않은 지 오래되었다는 뜻). 그렇지만 나는 자네에게 구차하더라도 무릎을 꿇어 먹을 것을 구하네. 지금 당장 좋은 벼슬을 구걸하는 것보다 그것이 낫다네. 여기 호리병을 보내니 술을 가득 담아 보내주심이 어떻겠는가?

–「박지원이 박제가에게 보내는 편지」, 이용휴·이덕무·박제가, 『낭송 18세기 소품문』, 길진숙·오창희 풀어 읽음, 북드라망, 2015, 232쪽

나이도 한참 어리고 신분도 낮은 서얼 출신인 박제가에게 돈을 꾸는 편지다. 둘 다 백수였는데, 정조가 즉위한 후 박제가가 규장각 관리가 되는 바람에 연암보다 경제적으로 좀 여유가 있었던 모양이다. 생활이 몹시 곤궁하다는 사실을 공자가 진·채 사이에서 겪은 수난과 안회顏回의 안빈낙도에 견주고 있다. 자신의 청렴함을 내세우면서 동시에 납작 엎드려 거절하기 어렵게 만든

다. 그러면서 또 술값까지 듬뿍 달란다. 이런 뻔뻔한!

초정(박제가)의 답변은? 장맛비로 직접 찾아가지는 못하고 하인 편에 공방孔方 200냥을 보내긴 하지만 술값은 일없다고 잘라 말한다. 밥이면 됐지 술까지 얻으려고 하지는 말라는 뜻이다. 달라는 이도 주는 이도 모두 당당하고 유쾌하다. 이게 바로 우정이고 유머다.

이런 편지글을 당시에는 '척독'이라고 불렀다. 당대 새롭게 부상한 소품문의 일종인데, 요즘으로 치면 트위터나 페이스북 같은 SNS에 해당한다. 연암은 이 형식을 즐겨 활용했다.

복날 이후 더위가 더욱 심한데 어찌 지내나? 오늘 아침 시원한 때를 이용해 꼭 가서 볼까 했는데 해가 이미 중천에 걸렸구먼. 저녁에 가면 밥 먹을 곳이 없으니 일단 여기 그대로 앉아 있다가 내일 새벽 경우景禹와 함께 가겠네. 아침밥은 줄 수 있나? 이 때문에 편지하네.

-박지원, 『고추장 작은 단지를 보내니』, 46쪽

밤비가 마치 부견符堅이 강물을 채찍으로 내리치는 것처럼 후드득후드득 집을 흔들어대는 바람에 밤새 잠을 이루지 못했사외다. 게다가 수많은 이[虱]들이 들끓는 바람에 외마디 소리를 내지

르며 발광할 뻔했거늘, 알지 못하겠사외다, 그대는 이런 우환을 면했는지? 편지를 보내며 한번 웃사외다.

-같은 책, 66쪽

무시로 찾아가고 아침밥까지 얻어먹을 수 있는 관계. 또 밤새 이(벼룩 비슷한 곤충) 때문에 미칠 뻔했다는 이야기를 들려주는 관계. 이런 친구가 있다면 절대 우울할 수가 없다. 친구를 생각하는 것만으로도 절로 웃음이 터질 테니 말이다.

우리 시대 청년들이 우울한 건 단지 백수라서가 아니다. 백수라는 상황에 지레 겁을 먹고 자신을 꽁꽁 가두어 버린 탓이다. 진솔하게 자신을 내보이지도 못하고 타자와 제대로 마주치지도 못한다. 한편으론 세상을 두려워하고, 한편으론 세상을 경멸한다. 노동의 소외, 화폐의 망상이 만들어 낸 질곡이다. 이제 과감하게 이런 배치에서 탈주해야 한다. 그러면 일상이 생기발랄해질 것이다. SNS에 그런 내용을 담아 보라. 그야말로 슬기로운 백수 생활이 시작된다.

사실 우리 공동체에서 백수는 브라만에 가깝다. 잘나가는 정규직, 억대 연봉자로 살다가 결국 몸에 이상이 와서 잠정적인(불가피한) 백수가 된 이들은 말한다. "백수가 되어 보니 이렇게 좋은데, 왜 그걸 몰랐을까요? 백수의 시선으로 정규직에 종사하는 친구들을 보면 어떻게 저러고 살았나? 싶고, 저게 삶인가 싶기도 해요. 그 안에 있으면 절대 못 봤을 것 같아요." 그렇다. 세상이 알아주는 직업이 없어도 충분히 잘 살 수 있다는 자신감. 거기에서 유머와 역설이 탄생한다. 잃을 것은 화폐와 노동으로 얼룩진 자괴감, 얻을 것은 생기발랄한 일상에서 뿜어져 나오는 패기와 위트!

아래 문장은 일종의 자화상이다. 한여름 오후, 연암은 '자다가 깨어 책을 보고 책을 보다가 또 자고', '작은 철현금을 두어 가락 타기도 하고 친구가 술을 보내 주면 흔쾌히 술을 따라 마신다.' 그러다 문득 취해 자신을 찬양하는 글을 짓는다. 자신의 삶에 대한 자긍심과 고품격 유머가 넘치는 글이다. 한번씩 음미해 보고 각자 자기 스타일로 패러디해 보는 건 어떨까?

내가 나만을 위하는 건 양주 같고

만인을 고루 사랑함은 묵적 같고

양식이 자주 떨어짐은 안회 같고

꼼짝하지 않음은 노자 같고

거침없이 활달함은 장자 같고

참선하는 것은 석가 같네

공손하지 못함은 유하혜 같고

술을 마셔대는 건 유영 같고

밥을 얻어먹는 건 한신 같고

잠을 잘 자는 건 진단 같고

거문고를 타는 건 자상 같고

글을 저술하는 건 양웅 같고

자신을 옛 인물과 견줌은 제갈공명 같네

그러니 나는 거의 성인에 가깝지 않은가

다만 키가 조교보다 모자라고

청렴함은 오릉중자에게 못 미치니

부끄럽고 또 부끄럽구나

-박지원, 『지금 조선의 시를 쓰라』, 244~246쪽

노동에서 활동으로
자기 삶의 매니저가 되자!

21세기는 백수의 시대다. 4차 산업혁명이란 인류가 비로소 노동으로부터 벗어났음을 의미한다. 그러므로 백수는 더 이상 특별한 존재조건이 아니다. 자연스럽고 보편적인 조건이다. 그런데 왜 우리는 이 대세를 부인하면서 콤플렉스에 시달려야 하는가? 인식의 대전환이 요구되는 지점이다.

그다음 백수에게 필요한 건 자립이다. 자립을 중심으로 경제활동을 재배치해야 한다. 노동에서 활동으로! 직업을 얻은 다음부터, 돈을 번 다음부터 잘 살겠다는 건 인생을 유예시키는 짓이다. 고로, 바보짓이다. 잘 살고 싶으면 지금 당장! 잘 살아야 한다. 지금 당장! 일상의 자존감을 회복해야 한다. 그래서 자립이 필수다. 자립은 의식주의 기본을 내가 직접 꾸리는 데서 시작한다. 그러기 위해선 부모로부터 독립하고, 부채에서 벗어나야 한다. 핵심은 화폐에 대한 태도를 바꾸는 것이다. 화폐의 증식에 골몰할 것이 아니라 화폐를 어떻게 운용할까를 깊이 성찰해야 한다. 그러면 자연스럽게 소비충동, 나아가 한탕주의에 대한 유혹에서 벗어나게 된다. 이게 바로 '자기 삶의 매니저'가 되는 길이다.

그렇게 자립을 하고 나면 이제 챙겨야 하는 것은 일상과 신체다. 하루 24시간을 잘 운용하는 노하우를 터득해야 한다. 핵심은 중독이냐 아니냐에 달렸다. 낮에는 활발하게 움직이고, 밤에는 숙면을 취한다. 관계와 활동을 기준으로 하루 24시간을 디테일하게 체크한다. 최소한 이 기준만 지킬 수 있어도 인생은 살아볼 만하다. 그러면 신체가 유연해진다. 신체가 유연해지면 생각이 매끄러워지고 말문이 터진다. 그게 유머와 패기다. 그럴 때 두 발이 경쾌해진다. 어깨를 펴고 허리를 세울 수 있다. 밀져야 본전이라는 심정으로 이 훈련을 1년, 아니 100일만 해보라. 일상의 자존감을 너끈히 회복할 터이니.

2장

우정,
백수의 최고 자산

✧ 친구는 제2의 '나' ✧

1. 관계는 화폐에 선행한다

인맥에서 인복으로

"꿈을 먹고 살겠다고 결정했을 때, 이제부터 내 인생은 깜깜한 터널을 혼자 걷는 일이라고 생각했었다. 그래도 이렇게까지 깜깜할 줄은 몰랐다. 그래도 이렇게까지 외로울 줄은 몰랐다."

"저는 꿈이 없어요. 다들 꿈을 향해 가라고 하는데 난 특별히 이루고 싶은 게 없어요. 어쩌다 이 지경이 되었을까요?"

전자는 한 청춘 드라마의 대사고, 후자는 한 지방 고등학생한테서 받은 질문이다. 하나는 꿈을 먹고 사는 게 너무 힘들고 외롭다고, 다른 하나는 꿈이 없는 자신을 도저히 용납할 수 없다고 토로한다. 대체 꿈이 뭐길래 이토록 청춘을 무겁게 짓누른단 말인가? 있으면 있어서 괴롭고, 없으면 또 없어서 괴롭고. 청춘은 늘 뭔가를 갈망한다. 늘 설레고 또 불안하다. 그래서 오늘은 이것을 원하다가 내일은 또 저것을 원한다. 자연스런 생의 발로다. 근데, 이 청년들이 토로하는 꿈은 좀 다르다. 일단 자연스럽지 않다. 전적으로 IMF 이후에 산출된 시대적 망상의 산물이기 때문이다.

산업화세대도 꿈이 있었다. 삼시세끼 먹는 것, 그리고 학교에 가는 것. 1987세대도 꿈이 있었다. 사회 민주화, 남북통일, 노동해방 등등—솔직히 이건 꿈이라기보다 시대적 소명을 자신의 인생과 오버랩시킨 것에 가깝다. 그럼 개별적인 차원에서의 꿈은 무엇이었을까? 평범한 일상! 산업화세대는 끼니 걱정하지 않고 자식들 공부시키는 것. 민주화세대는 감옥이나 공장에 가지 않고 평범한 중산층으로 살아가는 것.

그리고 마침내 산업화와 민주화에 성공했다. 시대적으로 보자면, 꿈이 이루어진 것이다. 밥 걱정 없이, 공권력의 침탈 없이, 나름의 평범한 삶을 영위할 수 있게 되었다. 그럼 우리시대 청춘의 꿈은? 거꾸로 평범함으로부터의 일탈을 꿈꾼다. 펀드매니저, 성형외과 의사, 연예인, 유튜버 스타 등등. 화려하고 빛나는 무엇이어야 한다. 당연히 부와 인기가 수반되어야 한다. 평범한 일상은 초라하다. 열패감이 들거나 생의 의지조차 사라질 지경이다. 이전 세대가 산업화와 민주화라는 거대담론에 압도되어 소박한 일상을 누릴 수 없었듯이, 지금 세대는 꿈이라는 신기루 때문에 다시 평범한 일상을 누릴 수 없게 되었다. 오, 이런 아이러니!

그럼 그런 꿈을 가진(혹은 이룬) 사람은 어떻게 사는가? 일단 무지하게 바쁘다. 각종 스펙을 취득해야 할뿐더러 성형외과와 피부과를 드나들고, 복근은 물론 잔근육 만들기까지 몸매 관리에도 힘써야 한다. 심지어 봉사 경력도 쌓아야 한다. 연예인이 되고 싶다면 더더욱 많은 기예를 닦아야 한다. 당연히 잠은 제대로 잘 수가 없다. 잠을 줄여 가며 매진하는 것이 꿈의 속성이다. 꿈이 있는데, 8시간 이상 잔다면 그건 이미 실격이다. 또 꿈을 이루었는데 그렇게 해도 역시 실격이다. 결국 꿈을 이루건 아니건 결론은 불면증이다. 이런!

양생술의 핵심은 수면이다. 그것도 꿈을 꾸지 않는 깊은 수면. 그런 잠이야말로 존재가 무의식의 심층, 나아가 우주의 파동과 연결되는 순간이기 때문이다. 하여, 『동의보감』에선 꿈이 없는 잠을 최고로 친다. 꿈이 많으면 병증이다. 그래서 무병장수하려면 꿈이 없어야 한다. 생리적 흐름이 그러하다면 삶의 리듬 또한 그래야 하지 않을까. 생명은 기본적으로 욕망(혹은 에너지)의 흐름이고 그것이 이리저리 흐르다 보면 뜻밖의 성취를 이루기도 하고 혹은 엉뚱하게 옆으로 새기도 한다. 뭔가를 이루려면 시절을 만나야 하고 시절을 만나지 못하면 아무리 애를 쓰고 기를 써도 절대 이룰 수가 없다. 그게 인생의 이치다. 해서 이루면 이룬 대로, 이루지 못하면 또 그것대로 삶이라는 것을 받아들여야 한다. 헌데, 그게 아니라 꿈이라는 특정한 형식만을 고집한다면 이런 이치를 알아차릴 도리가 없다. 앞 인용문의 청년들처럼 "이렇게까지 깜깜한 터널을 지날 줄 몰랐다", "어쩌다 이 지경이 되었지"라는 비탄이 나올 수밖에 없으리라.

그리고 더 중요한 포인트. 이 꿈을 지배하는 건 결국 화폐라는 사실이다. 꿈의 성취와 화폐의 양은 거의 90퍼센트 이상 중첩되어 있다. 아이돌, 스포츠 영웅, 유튜버 스타 등 이들의 성공을 인증해 주는 건 그들이 쟁취한 화폐다. 매출 수십 억, 연봉 100억 대, 광고 수익 몇백 억 등. 꿈의 출발도 종착지도 다 화폐다. 결국 사람보다 돈, 삶보다 돈이다.

이렇게 돈이 삶을 먹어치우면 무슨 일이 일어날까? 관계가 증발한다. 꿈과 성공이라는 담론에는 관계에 대한 항목이 부재한다. 어떤 사람들과 어떻게 관계를 맺고 싶다는 내용은 빠져 있다. 내가 '미친 듯이' 애를 써서 높이 올라가면 다른 사람은 나를 부러워하고 박수를 쳐 주는 엑스트라일 뿐이다. 그래서 꿈을 향해 달려가는 청년도, 꿈을 이룬 청년도 공통적으로 하는 말이 있다. 아, 외로워!

"난 꿈이 없었던 적이 없었다. 그 꿈을 전부 다 이뤘다."

그런데?

"지금이 가장 외롭고 지치는 시기인 것 같다. 우린 항상 행복한 상황이라고 얘기해 왔는데, 뭔가 힘든 순간이 왔을 때 이해해 줄 수 있는 사람, 친구, 가족이 한 명도 없다는 생각이 들었을 때 외롭더라."
-방탄소년단, 「성공비결은 SNS 아닌 진심+실력」, 『연합뉴스』, 2018년 1월 28일자

글로벌 스타로 뜨기 시작할 즈음에 한 방탄소년단의 인터뷰다. 참 진솔하고 리얼하다. 이 인터뷰 이후 방탄소년단은 더더욱 성공가도를 달려 명실상부 세계 최고의 스타가 되었다. 최근에 한 인터뷰 중 인상적인 대목, "혼자 있으면 너무 불안해요. 과연 내가 혼자 할 수 있는 일이 있을까? 이런 생각이 막 밀려오면서". 여전히 진솔하고 리얼하다.

생명은 네트워킹이다. 태어난다는 것 자체가 가족, 마을, 사회, 국가, 문화 등등의 관계에 접속하는 것을 뜻하지 않는가. 그렇다. 인생은 관계다! 하지만 지금 우리 시대의 꿈에는 이 관계가 생략되어 있다. 꿈을 갖는 순간 화폐의 회로를 따라 움직이고, 오

직 화폐의 양만을 좇는다. 그럴수록 관계는 더더욱 결핍으로 치닫는다. 관계의 결핍은 화폐로 대체되지 않는다. 마이클 잭슨, 휘트니 휴스턴 등 그 화려한 스타들의 죽음을 떠올려 보라!

다행히(?) 이제 꿈 담론은 더 이상 먹히지 않는다(봉준호 감독의 영화 〈기생충〉을 보면, 꿈이 사라진 자리에 '계획'이 등장했다.—"아들아, 넌 다 계획이 있구나!"). 꿈을 열정으로 포장하던 시대도 지났다. 그래서 다시 방황이 시작된다. 꿈을 꾸지 않으면 이제 뭘 하고 살아가지?

> "불안함과 외로움은 평생 함께하는 것 같다. 그걸 어떤 방식으로 풀어내느냐에 큰 의미를 두는데 평생 공부해야 하는 것 같다. (……) 이 기사를 통해 많은 사람에게 '나 또한 불안하고 당신 또한 그러하니 같이 찾고 공부해 봅시다'란 말을 하고 싶다."
> —앞의 기사

멋진 제안이다. 이 청년들의 말처럼 이제 청춘이 해야 할 일은 불안과 외로움에 대한 탐구다. 그것을 탐구하다 보면 알게 되리라. 관계는 화폐에 선행한다는 것, 삶은 곧 '관계의 지도'라는 것을. 물론 이때의 관계란 명성과 이익을 도모하는 '인맥'이 아니라, 공감과 소통을 전제로 하는 '인복'을 의미한다. 인맥은 불안을 부추기지만, 인복은 불안을 치유해 준다. '인맥 쌓기'에서 '인복 누리기'로!

청년 연암이 바로 그러했다. 연암은 사람을 좋아했다. 유년기 땐 친구들과 같이 집을 짓기도 했고 청년이 된 이후엔 여행과 공부, 술 등 모든 것을 벗들과 함께했다. 관계에 대한 탐구가 시작된 것도 그 즈음이다.

귀에 대고 소곤거리는 것은 지당한 말이 아니요, 남에게 누설하지 말라고 신신당부하는 것은 깊은 사귐이 아니요, 우정이 얼마나 깊은지를 드러내는 것은 두터운 벗이 아니다. (······) 사람을 사귀는 데는 서로 알아주는 것이 가장 중요하고, 즐겁기로는 서로 공감하는 것보다 더한 것이 없지. 그리고 속 좁은 사람의 불만을 풀어주고, 시기심 많은 이의 원망을 진정시켜 주는 데에는 우는 것보다 더 빠른 게 없어.

-박지원, 「마장전」, 『연암집』(하), 김명호 옮김, 돌베개, 2007, 150~153쪽

저자에서는 이익으로써 사귀고, 면전에서는 아첨으로써 사귀는 법이다. 따라서 아무리 서로 좋아하는 사이라도 세 번 손을 내밀면 누구나 멀어지게 되고, 아무리 묵은 원한이 있다 해도 세 번 도와주면 누구나 친해지기 마련이야. 그러므로 이익으로써 사귀

면 지속되기 어렵고, 아첨으로써 사귀면 오래갈 수가 없지. 대단한 사귐은 얼굴을 마주 대하지 않아도 되고, 두터운 벗은 서로 가까이 지내지 않아도 된다네. 다만 마음과 마음으로 사귀고, 그 사람의 덕을 보고 벗을 삼으면 되는 것이야. 이것이 바로 도의로써 사귄다는 것일세.

-박지원, 「예덕선생전」, 『연암집』(하), 160쪽

친구를 얼마나 소중히 여겼으면 이렇게 세심한 관찰과 탐구를 시도했을까. 연암의 철학적 특징을 '우도'友道라고 하는 것도 이런 맥락이다. 그에 따르면, 붕우란 제2의 나다.

한자를 만드는 자가 날개 우羽 자를 빌려 벗 붕朋 자를 만들었고, 손 수手 자와 또 우又 자를 합쳐서 벗 우 자를 만들었다. 붕우란 마치 새에게 두 날개가 있고 사람에게 두 손이 있는 것과 같음을 말한 것이다.

-박지원, 「벗이란 제2의 나다」(『회성원집』繪聲園集 발문), 『지금 조선의 시를 쓰라』, 211쪽

거꾸로 말하면, 벗이 없다는 건 날개와 손이 한쪽밖에 없는 거나 마찬가지다. 얼마나 부자유한가! 얼마나 괴로운가!

청년 자살률 세계 1위! 그 이유를 주로 일자리 부족이나 격차

사회에서 찾곤 하지만 과연 그럴까? 내가 보기에 진짜 이유는 관계의 결핍에 있다. 더 구체적으로 인복의 기쁨을 누리지 못하기 때문이다. 그러면 또 이렇게 말한다. 경제적 여유가 없으니까 관계를 멀리하는 거라고. 그럴까? 그렇다면 부자일수록 관계의 달인이어야 한다. 그런가? 그렇지 않다. 따라서 핵심은 그게 아니다. 돈에 의해 좌우되는 건 결국 인맥이지 인복이 아니다. 더 큰 문제는 화폐보다 관계가 더 중요하다는 사실 자체를 인지하지 못한다는 점이다. 집에서도 학교에서도 그걸 가르쳐 주지 않는다. 미디어나 대중문화는 말할 것도 없다. 그러니 꿈을 가져도, 혹은 꿈이 없어도 불안하고 외로울 따름이다. 따라서 시급한 건 이 전제를 뒤엎는 것이다. 부디 명심하라, 관계는 화폐에 선행한다는 사실을. 특히 백수로 살아가려면 더더욱!

2. 혼밥이 슬픈 이유

'외로움'의 정치경제학

"대학 1년 내내 학교 가서 혼자 밥 먹었어요."―아주 오래전에 한 남학생한테서 들은 말이다. 놀랍고 당혹스러웠다. 성격이 너무 까칠하고 괴팍해서 그런가 싶겠지만 천만에! 너무 수더분하고 평범한 청년이었다. 잘 먹고 잘 어울리고 수다스럽기까지 했다. 그런 성격을 가진 청년이 '혼밥족'이라니. 왜 그랬냐니까 다들 따로 노니까 어찌 해볼 도리가 없었단다. 87세대에게 있어 대학은 청춘의 열기로 들끓는 광장이었다. 온갖 서클과 과 모임, 뒤풀이 등등. 혼밥족은 상상조차 할 수 없었다. 내성적인 데다 친화력 제로인 나 같은 청년도 '고독을 씹을' 찬스조차 주어지지 않았다. 헌데, 그런 '기이한' 일이 일어난 것이다. 요즘 청년들은 대부분 '솔로'다. 신입생 때부터 동아리방이 있는 학생회관이 아니라 취업 준비를 위해 도서관으로 간다. 대입보다 더 지겨운 취업고시에 뛰어들기 위해서다. 시험공부는 고독한 여정이다. 남을 이기기 위한 공부니 함께한다는 설정이 영 어색하다. 취업과 고독. 이것이 대학생의 풍경이다. 그러니 밥을 혼자 먹을 수밖에.

이 충격을 받은 지 얼마 지나지 않아 '혼밥족'이라는 말이 공공연하게 떠돌기 시작했다. 혼밥이 대세가 된 것이다. 게다가 혼술, 혼영, 혼공 등등 그야말로 '혼' 시리즈가 범람하는 중이다. 대학을 마치면 취준생. 취준생은 당연히 혼밥을 한다. 그러다 취업을 하면 달라지나? 그다음엔 귀찮아서, 혹은 타인이 부담스러워서 혼밥족이 된다. 이런 대세를 타고 혼밥족을 위한 각종 서비스와 상품 등이 개발되고 있다. 심지어 미디어는 혼밥을 조장하기 바쁘다. 마치 혼밥이야말로 세련되고 도시적인 스타일이라는 듯이. 슬프다. 혼밥하는 것도 슬프지만, 혼밥이 얼마나 슬픈지를 모르는 건 더 슬프다. 독일의 대문호 괴테가 말했다던가. '눈물 젖은 빵을 먹어 보지 않은 사람과는 인생을 논하지 말라!'고. 혼밥은 눈물 젖은 빵보다 훨씬 더 슬프다.

물론 사정에 따라 혼자 먹을 수도 있다. 하지만 혼밥족은 그런 범주를 넘어선다. 밥을 같이 먹는다는 걸 아예 거부하는(상정조차 하지 않는) 케이스기 때문이다. 인생은 일상이고, 일상의 리듬은 끼니가 포인트다. 뭘 먹는지도 중요하지만, 누구와 먹는가는 더 중요하다. 밥을 같이 먹는다는 건 밥을 통해 활력과 기운을 주고받는 것을 뜻한다. 어느 나라건 잔치나 축제는 온갖 사람들이 떼로 모여 푸짐하게 먹는 것을 의미한다. 왜일까? 많은 사람이 같은 공간에서 함께 먹는 것이야말로 신의 축복이기 때문이다. 같은 음식도 누구와, 어떻게 먹는가에 따라 소화작용이 전혀 달라진다. 혼밥은 그 모든 변수를 생략한 채 음식을 오직 미각과 칼로리로만 계산하는 행위다. 소외의 극치다.

끼니는 끼니로 끝나지 않는다. 일상의 리듬에 깊은 영향을 미친다. 혼밥족이란 무엇인가? 친구가 없다는 뜻이다. 친구가 없는 청춘? 생각만 해도 스산하다. 결국 혼밥은 끼니 외에 다른 모든 활동에서도 혼자라는 걸 의미한다. 스마트폰으로 소통하니까 괜찮다고? 아니다, 전혀 괜찮지 않다! 스마트폰으로 보는 세상은 일방통행이다. 일방통행은 소통이 아니다. 자신의 욕망은 무차별적으로 발산하고, 타자에 대해서는 귀를 닫는 방식이기 때문이다. 소통이란 모름지기 주거니 받거니 쌍방향 혹은 다차원이어야 한다.

도파민이라는 호르몬을 아는가? 자극적이고 짜릿한 쾌감을 느낄 때 분비되는 신경전달물질로 술, 도박, 마약 등과 깊은 연관성이 있다. 페이스북 부사장을 지낸 바 있는 이는 페이스북을 "도파민에 의해 작동하는 단기 피드백 순환고리"라고 말했다. 그러면서 경고한다. 당장 소셜미디어를 중단하라고. 그뿐 아니다. "전형적인 페이스북 사용자보다 '좋아요'를 더 많이 누른 사람들의 신체적·정신적 건강이 악화된 것으로 보고되었다. 스크롤만 하면서 '좋아요'를 많이 누르고 타인과의 깊은 상호작용 없이 업데이트를 올리는 수동적 소비형태는 건강에 더 해로울 수 있다." -「구본권의 디지털 프리즘」, 『한겨레』, 2017년 12월 24일자 페이스북 창시자들이 일종의 내부 고발, 나아가 고해성사를 한 셈이다.

솔직히 스마트폰이 없어도 혼밥이 대세가 될 수 있을까? 산다는 건 누군가를 만나는 것이다. 말을 주고받고 같이 먹고 함께 걷고. 그러다 의기투합하기도 하고 투덕거리기도 하고. 이렇게 지지고 볶는 것이 일상이고 인생이다. 스마트폰은 이 모든 과정을 블랙홀처럼 빨아들였다. 덕분에 일상이 사라져 버렸다. 대화가 실종되어 버렸다. 말이 증발되어 버렸다. 디지털 공간이 확대될수록 사람과 사람이 직접 소통하는 능력은 점점 위축되고 있다. 소통에도 면역력이 필요하다. 면역력이 떨어지면 고립되고, 고립되다 보면 더더욱 면역력이 약해지는 악순환이 일어난다. 혼밥족이 위태로운 건 그 때문이다.

아버지(연암)는 늘 남들과 함께 식사하는 걸 좋아하셨다. 그래서 함께 식사하는 사람이 언제나 서너 사람은 더 됐다.

-박종채, 『나의 아버지 박지원』, 232쪽

　『나의 아버지 박지원』은 둘째아들 박종채가 쓴 연암의 평전이다. 이 장면을 처음 접했을 때 가슴이 뭉클했다. 보통의 일대기는 주로 비범한 사건과 위대한 업적이 나열되어 있는데, 이 평전에는 연암의 평소 모습이 담백하게 그려져 있다. 아들은 아버지가 늘 사람들과 어울리는 모습이 좋았던가 보다. 이 장면을 특별히 캡처한 걸 보면. 늘 같이 식사를 한다는 건 친구들이 많았다는 뜻이다. 당연히 연암은 매 끼니를 즐겼다. 백수 시절에도, 중년에 생계형 관직에 나섰을 때도, 열하로 가는 머나먼 여행길에서도. 그의 동선에는 늘 누군가와 함께 먹고 마시고 떠드는 장면들로 넘쳐 난다.

　그렇다. 밥을 같이 먹을 수 있으면 존재는 그 자체로 충만하다. 서로의 기운을 주고받을 수 있기 때문이다. 그에 반해 혼밥족은 기운이 고착되면서 점점 경직되어 간다. 그럴 때 느끼는 감정이 슬픔이다. 슬픔은 수동적이고 부정적인 감정이다. 그래서 더 강력한 무엇으로 보상받고 싶어진다. 중독이 만연하는 것도 이 때문이다. 외로움이 슬픔으로, 슬픔이 다시 중독으로, 그리고 중독은 분노를 내장한다. 결국 분노의 출발은 외로움, 단절감이다. 나는 이것이 현대 정치경제학의 핵심 어젠다가 될 것이라고 예감해 왔다. 그리고 그 예감은 적중했다. 얼마 전 포털사이트에 영국에서 '외로움을 담당하는 장관'(Minister for Loneliness)이 임명되었다는 기사가 떴다. 아, 드디어?! 그렇다. 외로움이야말로 결핍의 최종심급이다. 10대엔 대학을, 대학에 가선 정규직을, 그다음엔 더 큰 성공을 위해 달린 뒤에 기다리고 있는 건 바로 고립과 단절, 그리고 깊은 외로움. 이건 연봉이나 연금 따위로 해결될 사안이 아니다. 얼마나 심각하면 외로움을 담당하는 장관이 임명되었을까. 우리에게도 곧 닥칠 미래다.

산다는 건 생각과 말과 발의 삼중주다. 생각의 흐름, 말의 길, 발의 동선. 이 세 가지가 오늘 나의 삶을 결정짓는다. 외부의 힘을 받아서 내적으로 변용시키는 것이 핵심인데, 무엇을 어떻게 먹는가는 당연히 중요하다. 그다음이 말이다. 언어도 숨 쉬고 배설하는 것 못지 않은 생명 활동이다. 책을 읽어야 하는 이유도 거기에 있다. 책을 읽지 않으면 말의 행로, 생각의 전제가 바뀌기 어렵다. 생각과 말이 제자리를 맴돌면 동선 역시 그럴 수밖에 없다. 그래서 혼공은 혼밥만큼이나 위험하다. 정말 박학다식한데, 그럼에도 도무지 사람들과 소통이 안 되는 지식인들이 적지 않다. 지식이 자기 안에서 맴돌다 고인 탓이다. 그러니 대학생이 혼밥에 혼공을 한다면, 그 지식은 그야말로 '늪'이 될 확률이 높다.

연암은 내면을 성찰하는 공부도 혼자 해서는 안 된다고 경고

했다. "젊은이들이 고요한 곳에 깊이 거처하여 물욕에 접하지 않을 때에는 그 마음이 밝고 기운이 맑으므로 도리에 맞게 행동할 수 있다고 스스로 생각한다. 그러나 시끌벅적하고 복잡한 상황에 처하면 왕왕 까마득히 자기 자신을 잃어버린 채 잘못되거나 어긋난 행동을 하는 사람이 있다. 옛날 만석이라는 중은 10년 동안 참선을 했지만 끝내 한 여자의 유혹을 뿌리치지 못해 무너지고 말았으니, 이 또한 세상 경험이 없던 탓이다." 그러니 "남들과 함께 거처하며 악의 싹을 미연에 막는 게 낫다"-박종채, 『나의 아버지 박지원』, 225쪽고 여겼다. 학교의 본래 의미도 여기에 있다. 학교는 단지 지식을 쌓는 곳이 아니라 공부란 본디 함께하는 것임을 터득하는 곳이다. 스승과 벗을 통해 인간에 대해, 관계에 대해 배우는 곳이다. 앎 자체가 소통이라는 사실을 깨우치는 곳이다.

백수는 취준생의 연장이거나 루저가 아니다. 다시 말하지만, '21세기가 간절히 바라는' 새로운 존재방식이다. 자신의 몸과 일상을 소중히 여겨야 한다. 그래서 함께 먹어야 한다. 함께 먹으려면 친구가 있어야 하고, 그것이 일상이 되려면 대화가 활발하게 이루어져야 한다. 무슨 일이건 무슨 말이건 허심탄회하게 주고받을 수 있어야 한다. 먹고 마시고 이야기하고… 하는 행위들은 결코 분리되지 않는다. 일상의 즐거움, 일상의 자존감은 거기에서 비롯한다. 백수라면 절대 포기해서는 안 된다!

3. 연애보다 우정

벗을 만나는 기쁨

삼포, 사포, N포… 우리 시대 청년세대를 표현하는 워딩이다. 뭘 포기한다는 것일까? 취업, 연애, 결혼, 출산, 내 집 등이 거기에 속한다. 요약하면 중산층 핵가족으로의 코스다. 그럼 이게 인생의 전부인가? 결정적으로 이 라인업에는 '우정'이라는 항목이 빠져 있다. 취업이 물적 토대라면, 관계의 토대는 연애와 가족뿐이다. 이것이 20세기 자본주의가 유포한 이데올로기다. 친구는 있어도 그만, 없어도 그만이다. 그 결과 친구가 단 한 명도 없는 청년들이 수두룩해졌다. 일본은 이 점에서 우리보다 훨씬 앞서가는 중이다. 문득 한 다큐멘터리가 떠오른다. 그 다큐멘터리에는 지방에서 거주하는 청년이 '단 한 명의 친구를 찾아서'라는 미션을 가지고 도쿄로 오는 과정이 담겨 있었다. 충격적이었다. 단 한

명의 친구가 없다니? 이건 정말 치명적이다. 더구나 청춘의 역사
에는.

　우리나라도 이제 거의 일본의 추세를 따라잡은 듯하다. 인간
관계를 테마로 한 각종 사이트들을 보면, 정말로 친구가 하나도
없다는 사람, 지인 정도는 있지만 그것도 가끔 연락한다는 사람
들의 고민 상담이 주를 이룬다. 관계가 부재하는 삶이 얼마나 막
막한지를 보여 주는 셈이다. 헌데, 그 밑에 달린 조언과 충고가
더 충격적이다. 고민에 대한 공감을 표명하면서도 결국 '친구 따
위는 필요없다'거나 친구에 대한 좋지 않은 기억들을 쏟아놓거
나 하는 식이다. 친구의 부재 아니면 친구에 대한 부정, 두 가지
정서가 주를 이루는 셈인데, 사실 이건 동전의 양면에 해당한다.
관계를 맺어 본 적이 없으니 당연히 관계에 대한 노하우가 부족
하고, 그런 상태에서 어쩌다 관계의 장에 들어가면 부정적인 모
습만 확인하게 되고. 참 답답한 형국이다.

　운명은 관계의 지도다. 출발은 당연히 가족이다. 현대는 핵가
족. 이름 그대로 엄마, 아빠, 아이라는 삼각형으로 이루어져 있다.
이 삼각형은 자본주의의 효율성에는 지대한 공헌을 했지만, 사
람들로 하여금 지독한 신경증을 앓도록 유도했다. 왜 그럴까? 이
전에는 가문과 마을 전체를 포괄했던 관계망을 3인 아니면 4인
정도로 축소했기 때문이다. 관계의 압축 파일이라고나 할까. 일

상의 대부분을 이 삼각형 안에서 맴돌다 보면 생명의 정기는 위축될 수밖에 없다. 자긍심은 말할 것도 없고, 자존감은커녕 살맛이 나지 않는다. 현대인이 앓는 트라우마의 원천이 대부분 가족이 된 건 그래서다. 더구나 주거공간은 사방이 꽉 막힌 아파트 아닌가. 아파트는 '사유재산'과 '부동산', '이기심'의 철옹성이다.

그것이 삶의 중심을 차지하게 되면서 우정과 의리, 친구와 벗이라는 단어들이 실종되었다. 20세기 이전만 해도 사람 사이의 최고의 관계는 지기知己, 곧 나를 알아주는 벗이었다. 『삼국지』의 도원결의, 『임꺽정』의 칠두령, 『서유기』의 손오공 밴드 등등. 우리 시대는 이에 상응할 만한 인간관계가 전혀 없다. 오직 연애, 오직 가족뿐!

백수는 이제 '가족이 전부'라는 전제에서 탈주해야 한다. 가족은 베이스캠프지 귀환처가 아니다. 솔직히 가족은 서로를 충분히 이해하기가 쉽지 않다. 혈연적 유대, 정서적 애착으로 묶여 있기 때문이다. 합리적 대화나 이성적 관계가 어려운 것도 그래서다. 집착 아니면 부채감에 사로잡힐 수밖에 없다. 그러니 성장한 다음에는 무조건 집에서 나와야 한다. 부모도 자식을 놓아 주어야 한다. 자식을 키우는 거룩한 소명은 자식을 놓아 주는 것으로써 대단원에 이른다. 그래야 서로가 인생의 길벗이 되어 다시 만날 수 있으므로. 그렇지 않으면 그야말로 애증의 소용돌이에 휩싸여 점점 더 헤어나기가 어렵다.

혈연을 넘어서는 관계의 장은 친구, 연인, 동료, 직장상사, 지인, 선배, 스승 등 다양하다. 이 중에서 가장 우선적인 것은 친구와 스승이다. 모든 사람이 학교를 가(야 하)는 것도 이 때문이다. 학교에서 형성되는 관계가 바로 친구와 선생님 아닌가. 그러면 사람들은 이렇게 말한다. 아직 좋은 친구를 만나지 못했다고, 혹은 여태 훌륭한 선생님을 본 적이 없었다고. 하지만 핵심은 그게 아니다. 좋고 나쁨, 훌륭함과 그렇지 못함 이전에 친구라는 관계, 사제라는 관계의 장에 자연스럽게 들어가는 훈련을 해야 한다. 관계는 고정된 것이 아니다. 나와 너 '사이에서' 구성되는 것이다. 그래서 훈련이 필요하다. 좋은 친구를 만나려면 내가 먼저 좋은 친구가 되어야 한다. 훌륭한 선생님을 만나려면 내가 먼저 성실한 제자가 되어야 한다. 그러려면 어떻게 해야 할까? 일단 관계 속으로 들어가야 한다. 그걸 훈련하는 곳이 바로 학교다.

다들 알다시피, 우리나라 교육이 붕괴된 결정적 이유는 시험과 경쟁이다. 이것이 초래하는 지적 불균형도 문제지만, 더 결정적인 것은 인생에서 관계를 증발시킨다는 데에 있다. 친구가 얼마나 소중한지 배우지 못한 탓에 학교를 떠난 이후에도 관계가 산산이 흩어지고 만다. 스승이면서 친구이고, 친구이면서 스승인 사우師友! 동양 사상에선 이것이 인간이 도달해야 하는 최고의 관계라고 간주했다. 배움터가 아니면 어찌 이것이 가능하겠는가.

　하지만 현실은 정반대다. 친구와 스승은 없어도 되지만 연인은 꼭 있어야 한다고 생각한다. 청년기에 연애에 몰두하는 거야 자연스런 과정이다. 그렇게 힘주어 쟁취해야 하는 사항이 아니라는 뜻이다. 어쩌면 너무 힘을 기울이다 보니 거꾸로 연애를 포기하게 되는 건 아닐지. 연애가 이상화될수록 교감능력은 떨어지는 이 어처구니없는 사태! 그리고 이성에게 매력이 있으려면 동성끼리도 강한 끌림이 있어야 한다. 동성에게 신뢰를 얻지 못하는 사람이 좋은 연애를 하기는 어렵다. 동성과의 관계가 바로 우정이다. 결국 우정의 파동은 연애로 자연스럽게 흘러간다. 친구를 많이 사귀다 보면 그 네트워크 안에서 연인을 만날 수 있다. 친구를 멀리하면서 오직 연인만을 원한다면 그건 정서적 불균형에 해당한다. 관계도 훈련이다. 우정이라는 훈련과정이 없는데, 사랑을 능동적으로 할 수 있을까. 이런 점에서도 우정은 관계의 출발이자 원천이다.

　또 하나, 사랑은 변덕스럽고 예측불가능하다. 강렬한 쾌감에 기반하고 있기 때문이다. 번식을 위한 불가피한 코스이긴 하지만 그 대가는 혹독하다.

　"모든 동물은 성교 후에 우울하다."-한동일, 『라틴어 수업』, 130쪽 아주 유명한 라틴어 속담이라고 한다. 맞다. 생물학적으로 쾌감 뒤에는 큰 상실감과 허무가 찾아온다. 그래서 더 강도 높은 쾌감을 추구하게 되고, 그러다 보면 결국 중독에 빠지게 된다. 연애가 삶의 축이 되는 건 그래서 위태롭다. 툭하면 죽고 싶다고 말하는 청년과 이야기를 나누다 깜짝 놀랐다. 1년째 연애중이라는 것이다. 남친을 진짜 사랑한다는 거다. 근데, 죽고 싶어? 그렇단다. 연애는 연애고 자살충동은 자살충동이고? 헐! 이게 연애의 실상이다. 강렬하고 짜릿하지만 삶의 핵심에는 전혀 가닿지를 못한다. 간신히 관계를 유지한다 해도 그 귀착점은 결국 가족이다. 아파트라는 사각형에 갇힌 가족이라는 삼각형!

더 큰 문제는 그렇게 서로를 얽어매고 있지만 가족은 결국 헤어질 수밖에 없다. 갱년기가 되면 부부관계는 전혀 새로운 국면으로 접어든다. 신체적으로 여성성-남성성의 배치에서 벗어나기 때문이다. 부부를 연결해 주는 자식은 이미 성장했다. 함께 공존해야 할 이유가 없어진다. 그럼에도 부부관계를 계속 유지하고 싶다면 '사랑'이 아니라 '우정', '책임'이 아니라 '의리' 같은 새로운 윤리가 필요하다. 부모와 자식 역시 마찬가지다. 이렇듯 가족이 해체되는 경로는 아주 다양하다. 가족을 관계의 전부로 간주했을 때 과연 이런 무상한 변화를 감당할 수 있을까. 관계의 축을 연애에서 우정으로, 가족에서 친구로 이동해야 하는 것도 이런 맥락이다. 그리고 이 같은 윤리적 훈련은 청년기부터 해야 한다. 중년, 노년이 된 다음엔 이미 늦었다. 진짜 노후대책은 연금 이나 보험이 아니라 바로 이 지점이다.

연암은 정녕 친구를 좋아했다. 신분과 계층을 넘어 마음을 주고받을 수 있다면 그 누구든 오케이! 그가 백수의 길을 당당히 갈 수 있었던 것도 절친들 덕분이었다. 그의 친구관계를 잘 말해 주는 에피소드가 하나 있다. 정조가 즉위한 이후 잠시 홍국영이 라는 세도가가 권세를 휘두른 적이 있다. 홍국영이 반대파를 하 나씩 처단하는 과정에서 마침내 연암이 표적이 되었다. 권세가 가 백수한테 왜? 연암의 사상과 문장이 사대부들 사이에서 큰 영 향력이 있었기 때문이리라. 위기가 닥쳐오자 고위관직에 있었던 연암의 절친 유언호가 달려온다. "당장 연암협으로 가서 납작 엎 드려 있게나!" 소식을 듣자마자 잽싸게 튀는 연암. 그런데 유언 호는 거기에서 그치지 않고 연암이 행여 힘들고 외로울까 연암 협 근처인 개성유수開城留守를 자임한다. 그다음엔 연암을 개성 근처로 불러 인근의 청년들에게 문장을 가르치도록 주선한다.

와~ 여기까지도 감동인데, 이게 끝이 아니다. 그다음엔 조정 에 들어가 홍국영의 면전에서 연암이 지금 시골 훈장 노릇하면 서 근근이 살고 있다는 정보를 흘린다. 당시 시골 훈장이라면 사 대부한테는 막장에 해당한다. 완전 안심하는 홍국영. 그제야 감시의 눈초리에서 벗어나게 된다. 휴~ 이 정도면 수호천사라 할 만하다. 이런 우정은 감히 연애 감정과 비교조차 할 수 없다. 연 암에게 우정은 명분이나 추상이 아니었다. 살아 움직이는 생생 한 파동이자 실감이었다. 그는 말한다. "천 년 전의 벗은 답답하 고, 천 년 후에 올 벗을 기다리는 건 어리석다." 벗이란 마땅히 '지 금, 이 세상에서' 구해야 한다.

신기하고도 묘합니다. 우리가 만나게 된 인연이! 도대체 누가 이 렇게 만들었을까요? 그대가 나보다 앞서 나지도 않았고 내가 그 대보다 뒤에 나지도 않아 우리는 같은 세상에 태어났지요. 그대 가 북쪽나라에서 태어나지 않았고 나 또한 남쪽나라에서 태어나 지 않아 우리는 같은 나라에 태어났지요. 그대가 남쪽에 살지 않 고 나 또한 북쪽에 살지 않아 한 마을에 살게 되었지요. 그대가 무인이 아니고 나 또한 농사꾼이 아니라 둘 다 같은 공부를 하고 있으니 이 어찌 큰 인연과 기회가 아니겠습니까?

-박지원, 『연암 박지원 말꽃모음』, 설흔 엮음, 단비, 2017, 23쪽

같은 시간, 같은 공간, 그리고 공부라는 같은 활동! 이 절묘한 인연이라니. 벗이란 이토록 소중한 법이다. 『열하일기』라는 절대 기문이 탄생한 원천도 거기에 있다. 낯선 곳에서 낯선 존재들과

깊이 교감할 수 있었던 건 그가 늘 우정의 기예를 연마하고 있었기에 가능했다. 윤리의 토대는 신체다. 신체가 자연스럽게 열려야 서로의 마음이 오가는 통로가 생긴다. 이것은 돈이나 지위로는 결코 얻을 수 없다.

백수여서 친구가 없다는 건 말도 안 된다. 그럼 정규직이나 고위직은 친구가 있는가. 아마 더 어려울 것이다. 오히려 백수야말로 그 점에선 확실히 유리하다. 경쟁할 필요도 없고 권세를 누릴 수도 없으니 말이다. 연암의 인생역정이 그 증거다.

연암이 출셋길에서 완전히 손 턴 것은 삼십대 중반, 그 길을 가지 않기 위해서 방황하기 시작한 것은 이십대 중반. 십여 년 만에 연암은 학문과 글쓰기의 길이 출셋길 말고 다른 길일 수도 있다는 것을 보여 준다. 다른 삶의 방식, 다른 존재 방식이 가능하다. 그리고 그곳엔 '친구'가 있다! (……) 연암과 출세에 대한 글을 몇 번 써 보니 '친구'와 '주류'를 향한 욕망은 같이 갈 수 없다는 것도 확실해 보였다. 즉 비주류의 길에 우정은 필연적인 것이다.

-이윤하, 「비주류의 길에 우정이!」, 『청년, 연암을 만나다』, 273쪽

연애의 길은 정반대다. 성공해야 하고, 돈도 많아야 한다. 본디 그래서는 안 되지만 현재로선 그렇다. 하여 연애의 패턴도 결

국 화폐의 법칙을 따라간다. 연애도 독점이고, 화폐도 그렇다. 에로스와 화폐는 동일한 벡터를 쓰는 셈이다. 자본주의는 이 두 가지를 완벽하게 오버랩해 버렸다. "연인은 나의 것, 화폐도 나의 것!" 이런 식으로. 그래서 연애에 올인하다 보면 다른 관계는 한없이 위축된다. 돈만 밝히다 보면 인복이 뚝뚝 떨어지는 것처럼.

그에 반해, 우정은 독점과 소유를 거부한다. 벗은 또 다른 벗을 부르고, 인연은 더 넓은 인연으로 이어진다. 그래서 연애보다 우정! 아, 오해하지 마시라. 둘 중 하나를 선택하라는 뜻은 아니다. 벗을 만나는 기쁨, 그 인연의 오묘함을 즐기다 보면 연애의 찬스와 능력도 한층 고양될 수 있다. 신체적 공감력이 확장되면 당연히 청춘의 연애세포도 활짝 피어날 테니까.

4. '자의식의 감옥'에서 탈출하라!

지성과 유머

(친구가 없다면) 내가 다행히 눈을 지녔지만 뉘와 더불어 내 보는 것을 같이하며, 내가 다행히 귀를 지녔지만 뉘와 더불어 내 듣는 것을 같이하며, 내가 다행히 입을 지녔지만 뉘와 더불어 나의 맛을 함께하며, 내가 다행히 코를 지녔지만 뉘와 더불어 내 맡는 것을 같이하며, 내가 다행히 마음을 지녔지만 장차 뉘와 더불어 나의 지혜와 영각靈覺을 함께한단 말인가?

-박지원, 「어떤 이에게 보냄」, 『연암집』(하), 347쪽

연암은 한 시대를 풍미한 천재였다. 책 서두에서도 인용했듯이, "기상이 천지를 가로지를 만하고, 재주는 천고를 뛰어넘을 만하며, 문장은 수많은 것을 전도시킬 만"(홍길주)한 인물이었다. 그

의 문장은 한반도에 한자가 전래된 이래 나온 최고의 경지로 손꼽힌다.

대개 천재는 탁월한 재능을 소유한 대신 사람들과의 소통에는 영 젬병이다. 독불장군 아니면 왕따 신세로 살다가 불우하게 생을 마치는 경우가 대부분이다. 대표적으로 니체가 그렇다. 니체의 철학은 매혹적이지만 난해하기 짝이 없다. 플라톤 이래 서구의 형이상학을 전복하는 아포리즘으로 가득하다. 그 또한 스스로 비주류의 삶을 선택한 것이다. 그래서인가. 그 기저에는 우정에 대한 동경이 흘러넘친다. "친구들과 이야기를 나누면서 생을 마치고 싶다"고 토로했을 정도다. 그럼에도 니체에겐 평생 제대로 된 친구 하나 없었다. 자신의 사상을 구현하기란 그토록 어려운 법이다.

하지만 연암은 다르다. 그는 우정의 철학자이자 친교의 달인이었다. 천재면서 친구도 많다고? 그게 가능해? 가능하다! 그에게 있어 우정은 신체적 교감이다. 위의 인용문이 잘 보여 주듯, 함께 보고 함께 맛보고 함께 냄새 맡고… 쉽게 말해 '공통감각의 증식'이 우정이라는 관계다. 물론 그게 다는 아니다. 궁극적으로 우정이란 배움과 깨달음을 함께하는 것이다. 신체적 교감에서 깨달음의 지평으로!

이 지점이 현대인이 놓치고 있는 부분이다. 우리 시대 청년들의 소통은 주로 디지털공간이다. 스마트폰을 손에서 놓지를 못하는 '스몸비'도 적지 않다. 인터넷 공간에서도 친구가 있고 팔로워가 있고 '좋아요, 싫어요' '댓글' 등으로 소통을 하긴 한다. 하지만 이 교감은 한계가 분명하다. 디지털은 이미지의 세계다. 그것이 현실을 반영하고 현실에 강력한 영향을 끼치긴 하지만 이미지는 말 그대로 이미지일 뿐, 결코 실상이 아니다. 실상이 아닌 것을 허상 혹은 망상이라고 한다. 디지털이 도래하기 전에도 삶은 망상으로 가득 차 있었다. 이 망상으로부터의 탈주가 인류사의 비전이라고 해도 무방하다. 하지만 디지털은 숫제 망상이 실상을 압도하도록 설계된 문명이다. 그리고 이런 방식에 익숙해지면 친구를 사귀기가 더더욱 어려워진다.

그럴수록 망상이 한층 더 비대해지는데, 이 망상의 집을 '자의식'이라고 부른다. 자의식이란 '자기에 대한 의식'으로 20세기 이후 자본주의와 함께 등장한 표상이다. 오직 자신의 시선으로 뚫어지게 자신을 응시하기 때문에 외부와 타자가 들어설 여지가 없다. 한 청년의 고백을 들어 보자.

나도 이왕이면 자존감이 높은 사람이 되고 싶었다. 자신에게 집중하고, 자기 자신을 믿고, 내가 좋아하는 것과 원하는 것을 찾아가고자 했다. (……) 그렇게 신이 나서 '나'를 찾아다녔다. 그런데 공부다운 공부를 하게 되니, '나'를 찾아가고 알아가는 것이 '나'를 위한 일이 아닐 수도 있다는 생각이 들었다. '나'만을 고민하고 생각해 봤자 답이 없었다. 더 괜찮은 '나'를 찾으러 다닐수록 지금의 '나'는 더 부족해 보였고, 이럴수록 점점 더 '나'에 집착할 뿐이었다.

-원자연, 「'나'만'이 아닌 '나'를 사랑하는 길」, 『청년, 연암을 만나다』, 60쪽

그렇다. 이런 식의 '자기애'는 내적 성찰과는 방향이 정반대다. 이 청년이 토로하고 있듯이, 결국 이 자의식은 인정욕망과 깊이 연동되어 있다. 나, 나, 나를 외치지만 그 '나'는 결국 타인의 시선에 투영되는 '나'인 것. 해서 자존감이 높아지기는커녕 자꾸만 자신이 '부족해' 보이는 것이다. 당연하게도 그럴수록 타자와의 교감은 어려워진다. 온통 마음에 자기밖에 없고, 타인은 나를 인정해 주는 도구일 뿐인데, 그런 사람을 대체 누가 좋아하겠는가? 역지사지 해보면 바로 알 수 있다. 하긴 현대인한테 역지사지는 가장 어려운 행위에 속한다. 그만큼 자기 안에 갇혀서 살고 있다는 뜻이다.

헌데, 그러면 그럴수록 자기 자신과도 점점 멀어진다. 그러다 보면 어느덧 자기 자신이 가장 두려운 존재가 된다. 연암의 벗 민옹閔翁의 말이다.

두려워할 것은 나 자신만 한 것이 없다네. 내 오른쪽 눈은 용이 되고 왼쪽 눈은 범이 되며, 혀 밑에는 도끼를 감추고 있고 팔을 구부리면 당겨진 활과 같아지지. 차분히 잘 생각하면 갓난아이처럼 순수한 마음을 잃지 않으나, 생각이 조금만 어긋나도 짐승 같은 야만인이 되고 만다네. 스스로 경계하지 않으면, 장차 제 자신을 잡아먹거나 물어뜯고 쳐 죽이거나 베어 버릴 것이야. 이런 까닭에 성인聖人께서도 이기심을 누르고 예의를 따르며, 사악함을 막고 진실된 마음을 보존하면서 스스로 두려워하지 않으신 적이 없었다네.

-박지원, 「이야기 솜씨 좋던 민 노인」(민옹전), 『지금 조선의 시를 쓰라』, 28쪽

정말 무서운 말이다. 용이 되고 범이 되고 도끼가 되고 활이 된다. 물어뜯고 죽이고 베어 버릴 것이다. 그러니 살아남으려면 이 감옥에서 도주해야 한다. 자의식이라는 쇠창살을 부수어야 한다. 타자와 외부를 내 안에 들여야 한다. 그리고 이건 생각만으론 불가능하다. 실전이 필요하다.

친구가 된다는 건 일단 밥을 같이 먹는 것을 뜻한다. 그것도 아주 일상적으로! 밥을 먹으려면 말을 나누어야 한다. 무슨 말을 주고 받지? 화폐와 스펙에 관한 이야기로는 힘들다. 그런 이야기는 일단 짜증을 유발한다. 우월감 아니면 질투심을 유발하기 때

문이다. 거기서 끝이 아니다. 몹시 지루하다. 같은 패턴이 반복되기 때문이다. 그래서 삶에 대한 이야기를 주고받아야 한다. 사람살이, 인정물태人情物態에 관한 이야기, 그게 바로 지성의 출발이다. 그럴 때 지성은 아주 유쾌한 리듬을 타게 된다. 믿기 어렵겠지만 사실이다. 그래서 자의식을 털어 버리는 데 아주 유효하다.

연암이 우울증을 앓을 때 민옹이라는 노인을 만났다. 민옹은 평생을 이야기꾼으로 지낸 괴짜 노인이었다. 그의 말은 거침없고 기묘하여 듣는 사람치고 속이 후련해지지 않는 사람이 없었다. 요즘으로 치면 '핵사이다'라고나 할까. 연암이 그를 집으로 초대했다. 먹지도 자지도 못한다고 하소연하자 그의 첫 반응. "집이 가난한데 다행히도 밥 먹기를 싫어하니 재산이 남아돌 게고, 잠을 못 잔다면 밤까지 겸해 사는 것이니 다행히도 곱절을 사는 셈이야." 오복 중에 수壽와 부富 두 가지를 갖추었다는 것. 와우~ 이게 바로 역설의 향연이다. 사고의 전제를 완전히 뒤집어 버리는 것. 그 순간 웃음이 터져 나온다. 잠시 후 밥상이 들어왔는데, 연암은 당연히 먹을 수가 없다. 그러자 민옹이 왜 자기한테는 권하지를 않느냐며 버럭 화를 낸다. "나는 사과하고 옹을 주저앉힌 뒤빨리 음식을 차려 오게 하였다. 그러자 옹은 조금도 사양하지 않고 팔뚝을 걷어올린 다음 수저를 시원스레 놀려 먹어치웠다. 그걸 보니 나도 모르게 군침이 돌고 막혔던 가슴과 코가 트이면서,

마침내 예전과 같이 밥을 먹게 되었다." 그야말로 연암의 심리를 들었다 놨다 하고 있다. 어디가 막혔는지 어떻게 하면 뚫리는지를 훤히 꿰고 있는 것이다.

이게 바로 친구다. 밥맛이 떨어졌을 때 입맛을 돋워 주고 살맛이 없을 때 삶에 대한 해석을 바꾸어 주는 존재. 밥은 밥을 부르고 웃음은 웃음을 야기한다. 그리고 결정적으로 이 과정이 일상을 주도하게 되면 자의식의 감옥에서 벗어날 수 있다. 망상을 통해 자기 안에 웅크리고 앉아서 남이 나를 어떻게 여길지에 온갖 신경을 곤두세우는 어리석은 짓은 하지 않게 된다. 자기로부터의 해방이 가능한 것.

그런데 이 과정을 지속하려면? 의기투합해야 한다. 무엇으로? 취미는 오래 못 가고, 이익을 도모하는 일은 위태롭다. 욕심이 앞서다 보면 자칫 다단계 아니면 사이비종교로 갈 수도 있고. 이것들의 특징은 결국 화폐다. 화폐가 개입하면 일단 실패다. 유머고 우정이고 다 끝나는 거다. 취미처럼 변덕스럽지 않고 화폐가 끼어들 수 없는 활동, 그건 지성밖에 없다. 지성이란 무엇인가? 존재와 세계에 대한 탐구다. 시험과 출세, 고시를 위한 공부가 아닌, 자신을 위한, 나아가 생명을 위한 배움! 부담스럽다고? 그렇게 거창하고 진지하게 생각할 거 없다. 가장 중요한 건 질문이다. 난 누구? 여긴 어디? 이런 질문도 좋다. 아니, 따지고 보면 이보다 더 '거룩한' 질문도 없다. 모든 배움은 내가 누구인지, 내가 어디서 와서 어디로 가는지를 묻는 데서 시작하지 않는가. 여기서 출발하여 계속 질문을 생성시키면 그게 바로 지성이다.

지성의 비전을 공유하면 우정은 깊어진다. 지성과 우정이 존재의 무게중심이 되면 그때부터 백수의 삶은 찬란해진다. 연암이 바로 그랬다. 우울증을 치료한 뒤 백수의 길에 나선 다음 지성의 네트워크를 결성했다. 이름하여 '백탑청연'白塔淸緣! 파고다공원 안에 있는 백탑 근처에 옹기종기 모여 살면서 수시로 천문, 지리에서 문사철, 이용후생, 음악, 예술에 이르기까지 세상의 모든 공부를 함께 하는 모임이었다. 백수지성의 탄생!

이들 모임은 무겁고 비장하지 않았다. 유쾌하고 경쾌했다. 당연하지 않은가. 배움이란 본디 즐겁고, 즐겁지 않으면 배움이 아니므로. 연암은 이 모임을 통해 유머와 지성을 연마했고, 그것이 유감없이 발휘된 것이 '열하로 가는 여정'에서였다. 재밌는 스토리가 하나 있다. 산해관을 지나 옥전현이라는 곳의 한 점포에서 연암은 아주 기이한 문장 하나를 발견한다. 그게 바로「호질」이다. 촛불을 밝힌 채 열나게 베껴 쓰자 주인이 묻는다. 그걸 베껴서 대체 뭐에 쓸 거냐고. 연암이 답한다.

"내 돌아가서 우리나라 사람들에게 한번 읽혀 모두 허리를 잡고 한바탕 크게 웃게 할 작정입니다. 아마 이 글을 보면 다들 웃느라고 입안에 든 밥알이 벌처럼 튀어나오고, 튼튼한 갓끈이라도 썩은 새끼줄처럼 툭 끊어질 겁니다."

-박지원, 『세계 최고의 여행기 열하일기』(하), 63쪽

「호질」이 그렇게 웃긴가? 좀 웃기긴 하다. 열녀인데 각성바지 아들이 다섯이나 있다든지, 1만 권의 책을 읽었다는 선비가 그 열녀와 정분을 통하다가 여우로 몰려 달아나다 똥통에 빠진다든지, 범한테 일장훈계를 듣고는 갖은 아첨을 늘어놓는다든지, 설정이 다소 엽기적이긴 한데, 밥알이 튀어나올 정도로 웃기는 건 아니다. 근데 왜? 연암이 강조한 건 모든 파격적 글쓰기에는 해학과 풍자가 수반된다는 뜻이었으리라. 또 그런 글을 같이 읽고 음미하다 보면 이야기가 꼬리에 꼬리를 물고 이어질 테고, 그러면 자연 왁자지껄, 시끌벅적한 웃음이 터져 나올 테니까 말이다. 사실 그렇지 않은가. 지적 전복은 그 자체로 신선하고 또 유쾌하다.

그런가 하면, 연암은 공직 생활을 하면서도 유머를 잃지 않았다. 기민구휼 문제로 골머리를 앓는 이웃고을 원님인 친구들한테 이런 답장을 쓴다. "백 번을 참을 때엔 머리가 지끈거리고 이마가 찌푸려져서 온 얼굴에 주름살이 가로로 세로로 깊이 새

겨질 터, 양미간엔 내 천川 자요 이마 위엔 북방 임壬 자를 그렸음에 틀림없을 것입니다." 아마 이 대목을 읽자마자 친구는 너털웃음을 지었을 것이다. 그리고 그것만으로도 충분히 스트레스가 풀렸을 것이다. 그의 유머는 계속된다.

지금 내가 즐거울 '락'樂 한 자를 쓰니 무수한 웃음 '소'笑 자가 뒤따라 이릅니다. (⋯⋯) 이 편지를 열어 보는 날, 그대도 반드시 웃느라 입안에 머금은 밥알을 내뿜을 겁니다. 나를 소소선생笑笑先生이라 불러 준다면 또한 사양하지 않으리라.

-박지원, 「구휼, 이보다 더한 즐거움이 어디 있으랴」, 『낭송 연암집』, 80쪽

스스로를 소소선생, 풀이하면 '스마일' 선생으로 불러 달라는 것. 유머능력에 대한 자부심이 풀풀 묻어난다. 이런 사대부는 실로 드물다. 아니 연암이 유일하지 않을까 싶다. 지성과 유머가 둘이 아님을 보여 주는 최고의 예라 할 수 있다.

덧붙이면, 요즘은 예능이 대세다. 정치나 인문학도 예능이 되었다. 주제나 소재가 뭐가 됐건 예능은 재밌어야 한다. 유머와 역설이 넘쳐야 한다. 헌데, 신변잡기로는 한계가 있다. 재미를 계속 창조하려면 지성이 필요하다. 정치나 인문학이 예능과 접속하게 된 이유다. 한데, 또 이상한 일은 시대의 추세와는 달리 청년들의

언어감각은 오히려 무겁고 위축된 감이 있다. 자기 견해를 지적으로 표현하거나 경험을 유쾌하게 풀어내는 데는 영 서툴다. 심지어 주어, 서술어, 목적어를 정확히 구사하는 경우도 드물다. 그도 그럴 것이, 주로 구경꾼의 위치에 있을 뿐 서로 말을 주고받는 소통의 경험이 거의 없는 탓이다. 아울러 메일이나 문자, 카톡이 주 소통수단이다 보니 언어를 구사할 기회조차 사라진 탓이다. 그러므로 백수에게는 이 현장의 확보가 절실하다. 모국어든 영어든 언어를 명쾌하게 구사할 수 있는! 나아가 지성과 유머를 갈고닦을 수 있는 벗들이 있는! 좀 고상하게 표현하면, 자의식의 감옥을 벗어나 로고스의 향연을 누릴 수 있는!

5. 술, 그리고 버스킹

일상을 축제로!

1

"이번 추석휴가 때 성형외과에 예약했어요. 눈가랑 입 주변의 주름살 제거를 할 거예요."(20대 초반 여성)

"왜? 지금도 예쁜데…." (29세 남성)

"사는 게 너무 지루해서요. 뭐라도 변화를 느끼고 싶어요."

2

3년차 직장인 조용인(가명·30) 씨는 이름만 들으면 누구나 알 만한 대기업에 다니다 최근 사표를 냈다. 이유는 '스트레스'로 몸에 이상증세가 나타났기 때문이다. 직장을 다니는 내내 즐거웠던 기억은 손에 꼽을 정도다. 끝을 알 수 없는 어두운 터널에 갇혀 스스로를 잃어가고 있다는 느낌을 받았다.

-「취업했습니다. 그리고 퇴사하겠습니다」, 『파이낸셜뉴스』, 2017년 4월 7일

#1은 중소기업에 다니는 조카한테 들은 대화이고, #2는 신문 기사에서 캡처한 것이다. 둘 다 정규직의 현실을 적나라하게 보여 준다. 그래서 "백수는 정규직을, 정규직은 백수를 갈망한다"고 했던가. 취준생에 대응하는 퇴준생이라는 말도 생겼다. 그렇게 원하던 정규직을 얻었는데 왜? 그들은 한목소리로 외친다. 살맛이 안 난다는 것. 사는 게 너무 재미가 없다는 것. 그런데 TV나 인터넷을 보면 온통 '핫한' 것 투성이다. 핫이슈, 핫플레이스, 핫푸드… 인스타그램의 유행과 더불어 더욱 심화된 현상이다. 사진이 소통을 주도하면서 비주얼과 스펙터클의 강도가 한층 더 높아진 것이다. 각종 이벤트와 기념일이 난무하는 것도 같은 맥락이다. 참 기묘한 일이다. 세상은 핫하기 그지없는데, 청년들은 삶이 지겹다. '살기 힘들다'는 말이랑 '살맛이 안 난다'는 것은 질적으로 다른 정서다. 힘들고 고통스럽다는 건 그럼에도 삶을 헤쳐 가고자 하는 생의 의지를 수반하지만, 사는 게 지겹다는 건 최소한의 의욕조차 증발된 상태를 의미한다.

그런데 그런 청년들이 자신을 표현할 때는 '핫하게' 한다. 이건 동전의 양면이다. 삶이 공허하니까 뭔가 뜨거운 것을 찾아다

녀야 하고, 일상이 지루하니까 이벤트와 행사에 동원되어야 한다. 그리고 당연히 이런 행사에는 돈이 든다. 왜냐면 그런 행사들은 청년들이 자율적으로 시도한 것이 아니라 자본의 주도하에 기획된 것이기 때문이다. 그 밑에 깔린 건 "생동감 있게 살아라"가 아니라 "소비하고 즐겨라"라는 명령이다. 전국의 지자체가 자기 도시나 마을을 광고하는 영상에는 예외 없이 청년들이 격하게 춤을 추고 노래를 부르는 페스티벌이 등장한다. 열나게 뛰고 소리 높여 외쳐야만 살맛이 난다고 굳게 믿고 있는 것이다. 정치가 자본의 대행업체가 된 케이스다.

그렇게 핫하게 놀고 즐기면 잠깐은 즐거울 수 있다. 하지만 밖에서 들어온 욕망에 내부의 정기를 소모하면 그다음엔 헤아릴 수 없는 상실감과 슬픔이 밀려온다. 내적 기운의 손실은 필연적이다. 당연히 삶의 의욕이 떨어진다. 그리고 무의식적으로는 알고 있다. 그런 열광이 다 가짜라는 것을. 나를 소비자로 구경꾼으로 끌어모으는 행사에 동원되었는데 그게 깊은 맛을 줄 리가 있겠는가. 20대 여성들이 성형에 집착하는 것도 비슷한 맥락이 아닐지. 쉽게 말하면, 일상이 너무 심심하고 지루하다. 뭐라도 몰두할 거리를 찾고 싶은데, 도무지 찾을 수가 없다. 열광과 권태, 그 사이를 오가는 와중에 어느덧 우리나라는 외모지상주의가 만연하게 되었다. 외모에 대한 집착이 그 모든 욕망의 블랙홀이 된 것이다. 거기에 더해 우리나라 성형기술은 비약적으로 발전하여 의료산업의 중추(?) 역할을 하기에 이르렀다. 양악은 물론이고 근육제거술처럼 상당한 위험을 감수하는 수술도 일반화되었다. 비싸고 고통스러울수록 가치가 있어 보인다. 적어도 이 지루한 일상의 리듬에 강력한 임팩트를 부여해 준다는 의미에서. 각종 맛집을 찾아다니며 남들이 부러워하는 먹방을 연출하는 것도 비슷하다. 하지만 이것도 이젠 한계에 이르렀나 보다. 최근 한 매체에 따르면 이젠 '혐핫'이 대세라는 것이다. 혐핫이란 핫한 것을 혐오하는 움직임이다. 핫플레이스를 피하고 식당에서 사진 찍는 것을 금지하고 셀카를 믿지 않는 등등. '핫'의 반대가 '혐핫'이라는 것도 흥미롭다. 핫도 오버지만, 혐핫 역시 오버다.

'핫'의 진짜 반대는 '평정 혹은 무심'이다. 이벤트나 스펙터클 같은 것이 얼마나 유치한지를 간파하는 것, 그게 무심이다. 신상이나 핫에 휘둘리지 않으면 그게 평정이다. 쉽게 말해 트렌드나 기념일, 이벤트 따위를 '생까면' 된다. 이게 백수가 취해야 할 참된 애티튜드다. 핫한 것들에 대한 유혹에서 벗어나야 비로소 일상의 지루함(혹은 비루함)을 넘어설 수 있다. 백수라면 매 순간이 '재미져야' 한다. 매일이 '생생해야' 한다. 매년 '다시 태어나'야 한다. 물론 그걸 누릴 수 있으려면 훈련이 필요하다.

연암은 부귀공명의 코스를 포기했다. 권세를 휘두르면서 잔치나 풍류 같은 특별한 이벤트를 즐기고 욕망을 핫하게 끌어올리는 식의 삶이 얼마나 허무한지를 일찌감치 간파했기 때문이다. 그렇다고 금욕적으로, 수동적으로, 울적하게 살았다는 뜻이 아니다. 오히려 반대다. 부귀를 포기하는 대신 일상의 재미는 하나도 포기하지 않았다. 그 비결은 당연히 우정과 지성의 네트워크다.

백수의 길에 접어든 이후, 연암은 '백탑청연'을 결성한다. 그들의 무대는 종로와 무교동, 그리고 남산 아래 묵동, 필동. 지금 우리 공동체(감이당&남산강학원)가 있는 곳도 바로 필동이다. 오호, 땅에도 인연이 있다더니, 과연 그런 건가? 18세기 백수지성이 활약했던 터전에 21세기 백수들이 공부공동체를 꾸리고 있으니 말이다. 이렇게 네트워크가 형성되면 당연히 먹거리와 재화가 흘러오게 마련이다. 절대 궁핍하지 않다. 더 중요한 건 매일의 일상이 싱싱하게 살아 움직인다.

음력 7월 어느 날 밤이었다. 친구들이 연암을 방문했다. 이미 먼저 와 있는 손님들이 있었다. 그러자 친구들이 산보를 나가 술을 마시면서 연암을 기다렸다. 손님이 가고 연암이 합류하자 이들은 운종가로 나가 종각 아래서 달빛을 밟으며 거닐었다. 거리에는 개떼가 어지러이 짖어댔고 그중 한 놈이 다가오자 이덕무李德懋가 취중에 '호백'이라는 자를 지어 주면서 마치 친구나 되는 듯이 "호백이!" 하고 부르자 다들 웃었다.

마침내 지나는 길에 현현玄玄을 찾아가 술을 더 마시고 크게 취
하였다. 운종교를 거닐다가 다리 난간에 기대어 옛날 일을 이야
기했다. 당시 정월 대보름날 밤에 연옥連玉이 이 다리 위에서 춤
을 추었다. 그리고 백석白石의 집에 가서 차를 마셨다. 혜풍惠風이
장난 삼아 거위의 목을 끌고 와 여러 바퀴 돌리면서 종에게 분부
하는 듯한 시늉을 하여, 웃고 즐거워했다. (……) 다시 수표교에 당
도하여 다리 위에 줄지어 앉았다. 달은 바야흐로 서쪽으로 기울
어 순수한 붉은빛을 띠었다. 별빛은 더욱 흔들리며 둥글고 커져
서, 얼굴에 방울방울 떨어질 듯했다. 이슬이 짙게 내려, 옷과 갓
이 다 젖었다.

-박지원, 「취하여 운종교를 거닌 기록」, 『연암집』(하), 327~328쪽

스무이튿날 국옹麴翁과 함께 걸어서 담헌湛軒의 집에 이르렀다.
풍무風舞가 밤에 왔다. 담헌이 가야금을 타니, 풍무는 거문고로
곡조를 맞추고, 국옹은 맨상투 바람으로 가곡을 불렀다. 밤이 깊
어지자, 떠도는 구름이 사방으로 얽히고 더운 기운이 잠깐 물러
가니, 줄에서 울리는 소리가 더욱 맑게 들렸다. (……) 지난해 여름
에 내가 담헌의 집에 간 적이 있었는데, 그때 담헌은 한창 악사

연延과 함께 거문고 연주에 관해 논하는 중이었다. 때마침 비가 올 듯 동쪽 하늘가의 구름이 먹빛과 같았다. 천둥이 한번 치면 용이 승천하여 비를 부를 듯하였다. 이윽고 긴 천둥소리가 하늘을 지나가자, 담헌이 연더러, "이것은 무슨 소리에 속하겠는가?" 하고 묻고 나서 마침내 거문고를 끌어당겨 천둥소리와 곡조를 맞추었다. 이에 나도 천뢰조天雷操(거문고 곡조의 이름)를 지었다.

-같은 책, 229~231쪽

술이 있고, 이야기가 있고, 춤을 추고 차를 마신다. 웃고 떠들고 장난치고… 밤하늘에 울려퍼지는 벗들의 와자지껄한 웃음소리. 야밤중에도 무시로 친구 집을 방문한다. 거문고 연주가 시작된다. 즐기면서 동시에 새로운 곡조를 창작한다. 이게 청년 연암의 일상이었다. 우정과 지성은 하나라고 했다. 하지만 이 지성에는 일상의 유쾌함이 반드시 수반되어야 한다. 아니, 함께 공부하면 당연히 그렇게 된다. 연암은 특히 술을 좋아했다. 열하로 가는 대장정, 그 클라이맥스 격인 고북구古北口 장성長城을 넘을 때는 야삼경(밤 열한 시에서 새벽 한 시 사이)에 술로 먹을 갈아 장성 벽에 글을 남기기도 했다. 무박 나흘의 고된 여정 끝에 열하에 도착해서는 온갖 산해진미는 제쳐 두고 술 한 잔을 마신 뒤 바로 쓰러진다. 술 자체를 테마로 한 글쓰기도 즐겨했다. 한마디로 술은 그의 친구였다.

앞에서 보듯 연암의 벗들은 거리에서 놀이와 예능을 즐겼다. 가장 즐겨 한 종목은 거문고다. 밤에 서로 모여 거문고 연주를 즐기거나 흥이 오르면 거리에 나와 연주를 하기도 했다. 요즘으로 치면 일종의 '버스킹'을 한 것이다. '거문고 버스킹'이 주류였지만 이들의 풍류에는 양금이나 생황, 퉁소 혹은 오르간 같은 서양악기도 등장한다.

벗과 술, 그리고 버스킹이 있는 일상. 이런 일상이 가능하다면 아마 누구도 정규직을 그렇게 갈망하지 않을 것이다. 오랫동안 공동체를 꾸려 보니 정말 실감이 난다. 감이당(&남산강학원)은 중년 백수, 청년 백수들이 어우러져 일상을 함께한다. 먹고 산책하고 세미나하고 강의하고. 연암 그룹처럼 질탕한 향연을 펼칠 깜냥은 안 되지만, 이 정도만으로도 일상의 소소한 즐거움이 넘쳐난다. 주방에서 밥이 해결되고, 봄가을로 바자회가 열려 옷과 물품들이 거의 공짜로 흘러 다니니 생활의 결핍은 전혀 없다. 아울러 우리 공동체는 글쓰기가 핵심이라 신간이 나오면 갖가지 이벤트가 진행된다. 북 콘서트, 인터뷰, 낭송, 랩과 연극 등등. 연암 그룹이 거문고 버스킹을 즐겨했다면 우리는 주로 책으로 버스킹을 하는 셈이다. 이름하여 'book+ing'!

요즘 청년들은 인터넷 검색에 능해서 영상을 만드는 데 아주 탁월하다. 그 능력을 펼칠 곳이 없으니까 주로 게임이나 야동(불법동영상)에 골몰할 뿐이다. 해서, 몇 년 전 청년 백수들을 중심으로 '강감찬TV'라는 방송국을 만들었다. 고백하자면, 난 유튜브 계정을 여는 데 최소 천만 원 정도의 돈이 들 줄 알았다(홈페이지를 만드는 데도 그 정도가 소요되니까). 그래서 그 정도는 감수해야지, 하면서 굳게 결심하고 청년들에게 물었다. "얼마면 되니?" 세상에, 공짜라는 거다. 깜짝 놀랐고, 진짜 감동했다. 이런 무상의 증여가 가능하다니, 이거야말로 디지털문명의 정수로구나! 그렇게 강감찬TV가 시작되었다. 구독자 만 명이 1차 목표였는데, 지난해 팬데믹을 거치면서 1만을 가뿐히 넘더니 2021년 7월 현재 무려 2만 1천 명을 넘어섰다. 코로나19가 온라인의 공간을 대폭 확장했음을 실감하는 중이다. 더 좋은 건 청년들과 인터넷의 관계를 중독에서 창조로 바꾸었다는 점이다. 연암이 술과 거문고를 친구로 삼았듯이 남산 청년들은 디지털로 책과 사람, 사람과 세상을 연결하는 다양한 형식들을 실험 중이다.

일상의 배치가 이렇게 바뀌면 소비적인 이벤트나 핫플레이스를 찾아다닐 필요가 없다. 중독에 빠지지 않아도, 이상한 열광에 휩싸이지 않아도 일상을 얼마든지 즐길 수 있다. 매일이 살맛나기 때문이다. 이런 살맛은 결코 돈으로 살 수도, 돈으로 강요할 수도 없다. 해서, 나는 사람들이 돈을 위해 산다는 걸 믿지 않는다. 겉으로는 돈을 좇는 것처럼 보여도 그것이 얼마나 지겹고 허무한지 다들 알고 있다. 그것으로 삶의 근본문제가 해결되는 게 아니라는 것도. 다만 다른 길을 모를 뿐이다. 다만 친구가 없을 뿐이다. 다만 친구와 더불어 함께할 공부의 장이 없을 뿐이다. 다른 관계, 다른 벗, 다른 공부만 있다면 누구도 핫한 것에 중독되지 않고 평범한 일상의 활기를 충분히 맛볼 수 있을 거라고 확신한다. 진정한 복지는 이 지점에서 이루어져야 한다. 도처에 이런 공동체가 존재한다면, 그리고 언제든 접속할 수 있다면, 퇴준생이나 정년을 앞둔 정규직도 참 든든하지 않을까? 백수야 처음부터 그런 네트워크의 주역이 될 수 있으니 말할 것도 없고.

6. 우정은 파동이다!

연암과 여성, 연암과 동물

생명이란 무엇일까? 수많은 정의가 가능하겠지만, 가장 중요한 건 네트워킹이다. 자율적으로, 능동적으로 접속하고 생성할수 있으면 생명은 그것으로 충분하다. 이런 기준으로 본다면 생물−무생물, 기계−인간의 차이도 무색해진다. 인간이 더 고귀할 것도, 특별할 것도 없다. 네트워킹을 할 수 있느냐 없느냐가 핵심일 뿐. 디지털 문명의 원천도 거기에 있다. 디지털은 전 지구, 전인류, 나아가 동물과 무생물, 천지자연과 교감하고 싶은 욕구의 산물이다. 그런 점에서 이제 인류에게 필요한 능력은 공감이다. 민족, 인종, 계층을 넘어야 하는 것은 물론이고 사물이건 자연이건 그 무엇과도 교류할 수 있어야 한다.

물론 아이러니하게도 현실은 정반대다. 어떤 점에선 아날로 그 시대보다 사람들 사이의 장벽이 두터워지고 있는 실정이다. 우정도 사랑도 힘겨울 뿐 아니라 나아가 여혐·남혐 현상까지 나타난다. 요즘은 거의 모든 고등학교가 남녀공학인데, 엄마들이 아들을 공학에 보내지 않으려고 한다는 이야기를 들었다. '아들이 연애에 빠져 공부를 멀리할까 걱정돼서 그러나?' 하고 생각했지만 아니었다. 여학생들이 워낙 뛰어나서 공학에 가면 남학생들이 내신등급에서 밀린다는 것이다. 헐! 성적이 대체 뭐라고, 그게 교감 능력보다 더 중요하단 말인가. 이런 경쟁심과 두려움이 여혐을 만들어 내는지도 모르겠다. 그런가 하면 2018년 이후 미투운동이 일상화되면서 여성-남성의 갈등이 전방위로 심화되고 있는 중이다.

동물들과의 관계도 만만치 않다. 이제 사람들은 반려동물 없이는 살아갈 수 없게 되었지만 그렇다고 동물들과 공존하는 지혜가 늘어난 것 같지는 않다. 그저 자신의 외로움을 채워 줄 대상으로 여기다 보니 달면 삼키고 쓰면 뱉는 식의 잔혹한 일들이 도처에서 벌어지고 있다. 코로나19가 던져 준 가장 중요한 메시지, 에콜로지 및 자연과의 공존이라는 시대적 과제가 무색할 지경이다. 이 와중에 AI 및 사이보그의 도래가 멀지 않았다. 앞으로는 인공지능을 장착한 기계와의 소통이라는 미션까지 수행해야만 한다. 그야말로 점입가경, 설상가상이다.

뜬금포처럼 보이겠지만, 이런 미션에는 백수가 적격이다. 백수는 노동과 화폐 대신 소통과 순환을 일상의 축으로 삼는다. 노동과 화폐가 수직적 위계에 갇힌다면 소통과 순환은 수평적 네트워크로 확산된다. 우정 또한 그렇다. 우정은 단지 친구라는 범주 안에 머무르지 않는다. 동심원을 그리면서 멀리멀리 퍼져 나간다. 그 동그라미는 성별, 세대별, 인간중심주의 등의 장벽들을 하나씩 격파한다. "우정은 우주를 춤추게 한다"는 아포리즘이 실감나는 대목이다. 연암은 이 파동을 가장 멋지게 활용한 청년이다.

연암은 청년기에 이미 노인들과 깊은 우정을 나눈 바 있다. 우울증을 앓을 때 그가 접속하고자 한 이들은 괴짜 이야기꾼 민옹과 분뇨장수를 하던 예덕선생, 신선술을 닦으며 바람처럼 떠돌던 김신선 등이다. 이들은 모두 70대, 90대 노인들이었다. 당시는 위아래 10년 정도는 친구로 여기던 풍토였지만, 그걸 감안해도 이 청년의 우정은 과감하고 파격적이다. 친구가 되는 데 나이가 무슨 대수겠는가. 그에 비추어 보면 우리 시대는 세대 간 장벽이 너무 두텁다. 서너 살 이상의 친구를 사귀기도 참 어렵다. 관계의 지평이 쪼그라들 수밖에 없다. 하지만 이제 100세 시대를 맞이하여 세대 간 소통은 필수다. 그래서 감이당과 남산강학원은 일찌감치 트랜스 제너레이션을 표방하고 세대 간 공감을 일상 속에서 실험하고 있는 중이다. 그 과정에서 정말로 실감했다.

청년은 노년과, 노년은 청년과 진정으로 친구가 되어야 한다는 것을. 그리고 충분히 가능하다는 것도. 디지털이 지배하는 21세기 문명은 청년들에게도 처음이지만 노년층한테도 처음 맞는 세상이다. '이번 생은 처음이라'는 청년한테만 적용되는 대사가 아니다. 중년, 노년도 마찬가지다. 디지털 문명이 지배하는 100세 인생! 이런 세계가 올 줄 정말 몰랐다. 그러니 어쩌겠는가! 호기심 가득한 시선으로 배우고 탐구할밖에. 그렇게 본다면, 지금 같은 시대야말로 청년과 노년이 친구가 될 수 있는 절호의 찬스다.

한편, 연암은 조선의 사대부로선 아주 특이하게 여성과의 교감에도 뛰어났다. 구체적인 사항에 들어가기 전에 일단 다음 글을 음미해 보시라. 잘 알려지지 않은 문장인데, 아주 흥미롭다.

저는 젊었을 때 마음에 병이 있었습니다. 어느 날 갑자기 한밤에 일어나 좌불안석 몸 둘 곳을 몰랐습니다. 온 세상의 부인들이 처음 아이를 해산한 직후 너무 지쳐 혼미한 상태로 만에 하나 자기도 모르게 잠이 들어 젖가슴이 아이의 입을 막아 질식하면 어쩌나 걱정이 되었기 때문입니다. (……) 처음 해산한 어미는 자나 깨나 생각이 온통 젖을 먹이는 데에 있기 때문에 소리도 없고 냄새도 나지 않는 속에서도 묵묵히 아기에게 귀 기울이며 꿈속에서조차 가만히 아이를 주시하고 있음을 비로소 알았습니다. 지극한 정성이 아니라면 가능한 일이겠습니까?

-박지원, 「젖먹이 어미의 마음으로 도망노비 문제를 건의하다!」, 『낭송 연암집』,
135~136쪽

보다시피 연암은 아주 특이한 불안증세를 겪은 바 있다. 막 해산한 어미의 젖가슴이 갓난아기의 입을 막아 질식하면 어쩌나, 하는 걱정이 든 것이다. 어이없는 기우에 해당하지만, 사대부 가문의 청년이 이런 근심에 휩싸였다는 사실 자체가 참 특이하다. 그만큼 감수성이 예민했다는 뜻이다. 우울증을 심하게 앓았던 것도 이런 증상과 무관하지 않을 터이다. 한 걸음 더 들어가 보면, 연암의 마음엔 온 세상의 갓난아기를 염려하는 모성애가 넘치고 있었다는 뜻이 아닐까. 뒷부분에서 어미의 모성이 얼마나 지극한지를 깨달으면서 그 불안증에서 벗어나는 대목이 더욱 그렇다. 여성과 공명할 수 있는 정서적 토양을 충분히 갖췄던 것이다.

50대에 상처를 했지만 69세에 생을 마칠 때까지 독신으로 지냈다. 일부다처제 시대다 보니 첩이라도 얻으라는 주변의 권유가 많았지만, 다 물리쳤다. 조선 시대 양반들로선 실로 특이한 사례다. 아내와의 인연만으로 충분했던 것이다. 아내가 죽은 뒤 애도시 20편을 지었다고 한다. 아쉽게도 유실되었지만 둘의 관계

가 얼마나 애틋했을지는 짐작할 만하다. 형수에 대한 묘비명도
썼는데, 그 내용을 보면 연암은 참 곰살궂고 살가운 시동생이었
음에 틀림없다. 이런 시동생과 함께라면 시집살이도 해볼 만하
다고 느껴질 정도다. 가장 유명한 텍스트가 바로 큰누이의 묘비
명이다.

아아! 누님이 갓 시집가서 새벽에 단장하던 일이 어제런 듯하다.
나는 그때 막 여덟 살이었다. 버릇없이 드러누워 말처럼 뒹굴면
서, 신랑의 말투를 흉내 내어 더듬거리며 정중하게 말을 했더니,
누님이 그만 수줍어서 빗을 떨어뜨려 내 이마를 건드렸다. 나는
성이 나서 울며 먹물을 분가루에 섞고 거울에 침을 뱉어댔다. 그
러자 누님은 내게 옥압玉鴨(옥비녀)과 금봉金蜂(머리 장식)을 꺼내
주며 울음을 그치도록 달래셨다. 그때로부터 지금 스물여덟 해
가 되었구나!
강가에 말을 멈춰 세우고 멀리 바라보았다. 붉은 명정이 휘날리
고 돛그림자가 너울거리다가, 배가 기슭을 돌아가고 나무에 가리
게 되자 다시는 보이지 않았다. 강가의 먼 산들은 검푸르러 누님
의 쪽 찐 머리 같고, 강물 빛은 거울 같고, 새벽달은 고운 눈썹 같
았다.

(……)

144

떠나는 이 다시 오마 간곡히 다짐해도

보내는 이 눈물로 옷을 적실 텐데

조각배 이제 가면 언제나 돌아오나

보내는 이 헛되이 언덕 위로 돌아가네

－박지원, 「맏누님을 사별하고」(백자伯姉증정부인박씨묘지명),

『지금 조선의 시를 쓰라』, 379쪽

이 작품은 지금도 사람들의 심금을 울린다. 『연암집』에 대한 세미나를 하다가 이 묘비명을 강독할 때면 반드시 나타나는 현상이 하나 있다. 누군가 소리 없이 눈물을 훔치고 있는 것. 이를테면 이런 식이다. "하루는 동고동락 세미나에서 연암의 큰누이 묘지명에 대해서 이야기를 나누고 있었는데, 한 중년 샘께서 눈물을 훔치셨다. 그런데 옆에 앉아 계시던 다른 중년 샘들께서도 눈물을 닦고 계셨다." 이 장면을 본 청년의 반응은? "같은 묘지명을 읽고도 그냥 지나쳤던 나는 한 방 얻어맞은 기분이었다. 연암의 글을 그냥 데면데면하게 읽고 있다는 것을 딱 걸린 것 같았다."－남다영, 「흉내가 아닌 닮은 감」, 『청년, 연암을 만나다』, 30쪽 그래서 다시 읽게 된다. 그러면 결국 이 청년도 어느샌가 눈물을 훔치게 된다. 그 정도로 곡진하다. 상투적인 어조라고는 찾아볼 수 없다. 그저 스물여덟 해 전 누나가 시집가던 날의 추억을 담담한 어조로 재현

145

할 따름이다. 그리고 시간은 흘러 스물여덟 해 뒤, 고생 끝에 생을 마친 누님의 상여를 떠나보내는 남동생의 마음은 그리움으로 사무친다. 강가의 산들, 강물 빛, 새벽달이 온통 누님의 모습으로 보일 정도로. 여성들의 고달픈 삶에 깊이 공명하지 않고는 결코 가능하지 않은 '장송곡'이다.

놀랍게도 연암은 여성의 정욕도 적극적으로 긍정했다. 「열녀함양박씨전」을 보면 이런 대목이 나온다.

"무릇 사람의 혈기는 음양에 뿌리를 두고, 정욕은 혈기에 모이며, 그리운 생각은 고독한 데서 생겨나고, 슬픔은 그리운 생각에 기인하는 것이다. 과부란 고독한 처지에 놓여 슬픔이 지극한 사람이다. 혈기가 때로 왕성해지면 어찌 혹 과부라고 해서 감정이 없을 수 있겠느냐?"

-박지원, 「진정한 열녀란」(열녀함양박씨전), 『지금 조선의 시를 쓰라』, 120쪽

그래서 이 과부는 10년이 넘게 밤마다 엽전을 굴리면서 독수공방의 고독과 슬픔을 견뎌 내었다는 스토리다. 여성의 정욕은 지금도 침묵의 영역인데, 그런 점에서도 연암은 참 독보적이다.

그런데, 이 원고를 쓰면서 아주 새로운 사실을 하나 접하게 되었다. 연암이 중년 이후 관직에 나가 살인 사건 하나를 해결하

는 장면이 있다. 함양에서 곁방살이를 하던 한조롱이란 여성이 물에 빠져 자살했다. 그런데 연암이 보기에 이 자살은 집주인인 수원이라는 남성에 의한 집요한 위협과 핍박의 결과였다. 요즘으로 치면 스토킹 범죄에 해당한다. 연암은 단언한다. 설령 그놈이 드잡이하여 밀어 넣은 것이 아니라 하더라도 순결을 지키는 처녀로 하여금 물에 빠져 죽도록 한 것은 결국 그놈이 한 짓이나 마찬가지라는 것.

　강간하려는 것이 아니었다면, 곁방의 처녀가 어찌하여 머리채를 잡혀 끌려갔겠습니까. 그놈이 머리채를 잡고 끌어가지 않았다면 한조롱의 머리털이 어찌하여 뽑혔겠습니까. 지극히 원통한 일이 아니라면 뽑힌 머리털을 어찌하여 간직해 두었겠습니까. 이 한 줌의 머리털을 남기며 어린 아우에게 울면서 부탁했으니, 그 이유는 첫째, 사건 당일 몸을 더럽히지 않았다는 증거로 삼기 위함이요, 둘째, 죽은 뒤에라도 원통함을 풀어 없앨 자료로 삼기 위한 것입니다.
　(……) 장수원이 우악스럽고 포악한 짓을 했다는 증거물은 오직 이 머리털뿐이요, 한조롱이 목숨을 걸고 저항한 자취도 오직 이 머리털뿐입니다. 몸은 비록 골백번 문드러지더라도 이 머리털이 남아 있는 한, 이 한 줌의 적디적은 머리털로도 옥사의 전체를 판정

할 수 있는 것입니다.

-박지원, 「처녀 한조롱의 주검, '한 줌의 머리털'이 말하는 것!」, 『낭송 연암집』, 101쪽

이 글을 보면서 울컥했다. 이 처녀가 겪었을 고통과 번민이 생생하게 느껴져서다. 이거야말로 '미투운동'으로 널리 알려진 '위계에 의한 강간 미수' 사건이 아닌가. 그 마수를 벗어나기 위해서는 스스로 몸을 던지는 수밖엔 없었으니 실제로는 타살에 해당한다는 것. 연암은 그 과정을 리얼하게 간파하고 있다. 여성과의 교감 능력이 없었다면 불가능한 장면이다. 미투운동의 계보학을 구성한다면 연암은 단연 그 선구자에 해당하지 않을까.

한편, 연암은 애니멀리스트이기도 하다. 『열하일기』를 보면, 말에 대한 애정, 낙타에 대한 호기심, 코끼리에 대한 경이로움이 곳곳에서 펼쳐진다. 문제작 「호질」에서는 범의 입을 빌려 인간문명의 허위와 잔혹함을 폭로하기도 한다. 동물을 보호하고 애호하는 수준이 아니라 그 시선에서 문명의 저변을 낱낱이 해부하는 파격적인 방식을 취하고 있다. 그의 논지에 따르면, 인간과 동물은 근원적으로 동일하다. 인간이 더 우월할 게 없다는 뜻이다. 각자 생명의 이치에 따라 살아갈 뿐이다. 그럼에도 인간의 오만과 편견은 끊임없이 폭력과 허위를 양산함으로써 자연의 법칙을 왜곡하고 있다는 것. 서양의 도래 이후 아직까지도 뿌리 깊게 자

리잡은 '인간중심주의'를 간단히 뛰어넘고 있다. 팬데믹 이후 열어 갈 문명의 비전 또한 여기에 있지 않을까.

　이렇듯, 연암의 우정은 세대, 성性, 동물 등 다양한 경계를 넘어 흘러넘친다. 우정의 네트워크에서 공감의 바다로! 거듭 말하지만, 우정은 머무르지 않는다. 우주를 움직이는 파동이기 때문이다. 이 파동에 접속하는 것, 그것이야말로 가장 멋진 21세기적 비전이다. 그런데 우정과 공감은 다름 아닌 백수들의 윤리적 축이라는 사실! 21세기가 백수의 시대임을 확신하는 이유도 여기에 있다.

고립에서 공감으로

우정의 기예를 연마하자!

백수에겐 꿈이 필요 없다. 사는 것 자체가 꿈이자 직업이다. 삶이 무엇인가? 관계와 활동이다. 활동에 대해서는 1장에서 탐구했다. 노동에서 활동으로! 이것이 우리의 결론이었다. 다음은 관계다. 산다는 건 관계를 맺는 것이다. 살기 위해 관계를 맺는 것이 아니라, 관계 자체가 삶이다. 나를 둘러싼 관계를 점검해 보라.

가장 먼저 가족, 이것은 혈연으로 맺어진 천륜이다. 삶의 토대이자 베이스캠프에 해당한다. 여기에 집착하면 한 걸음도 나아가지 못한다. 삶이라는 현장은 베이스캠프를 떠나면서 시작된다. 그다음은 연인! 이건 강렬하지만 독점적이고 배타적이다. 소유와 집착을 전제로 하고, 그래서 화폐와 긴밀히 오버랩된다. 이 관계에만 올인하면 존재는 한없이 위축된다. 핵가족이 그 증거다. 그런 함정에 빠지지 않으려면 반드시 우정을 수반해야 한다. 우정이란? 독점적 소유를 전제로 하지 않는, 가장 자연스럽고 수평적인 네트워크! 백수가 전념해야 하는 윤리적 영역은 바로 이 지점이다.

우정은 취향이나 기질이 아니다. 절차탁마切磋琢磨해야 하는 덕목이다. 그것이 삶에 얼마나 소중한 가치인지를 배워야 하고, 그것을 구체적으로 실천하는 방법을 갈고닦아야 한다. 그래서 우정과 지성은 분리되지 않는다. 스승이면서 친구이고, 친구이면서 스승인 사우師友! 이것이 인간이 도달할 수 있는 관계의 최고 경지다. 이런 관계를 가질 수 있다면, 그 삶은 무조건 충만하다! 백수들에게는 꿈이 없다고 했다. 만약 꿈이 있다면, 단 하나, 사우를 만나는 것.

어떻게 해야 하냐고? 일단 존재의 무게중심을 우정이라는 윤리로 옮겨야 한다. 연암의 표현을 빌리면, "나를 비워 남을 들일 수 있는" 내면의 공간을 확보해야 한다. 넓으면 넓을수록 좋다. 그것을 중심으로 일상의 배치, 욕망의 흐름을 재구성해야 한다. 그다음엔 친구를 찾아, 스승을 찾아 스스로 길을 떠나면 된다. 인터넷을 활용하면 헤아릴 수 없이 많은 지도가 보일 것이다. 불안해할 필요가 없다. 될 때까지 하면 된다!

그리고 좋은 친구를 만나려면 그 전에 내가 좋은 친구가 되어야 한다. 또 좋은 스승을 만나려면 배움으로 충만한 신체가 되어야 한다. 어렵다고? 천만에! 아주 쉽다. 취준생과 혼밥의 고독한 길보다, 쇼핑과 게임, 비트코인의 중독된 코스보다 훠얼씬! 이 쉽고 재미난 걸 왜 안 하나? 그리고 절대 잊지 말자. 자의식의 감옥을 박차고 나와 공감의 바다를 유영할 수 있는 길은 오직 이것뿐이라는 사실을.

3장

'집의 시대'에서 '길의 시대'로

✧ 청춘은 유동한다! ✧

1. 백수의 특권, 주유천하

집에서 탈출하라!

바야흐로 '길'의 시대가 도래하였다. 20세기는 '집'의 시대였다. 삶의 중심이 온통 집으로 쏠려 있었다. '내 집 마련'이 일생일대의 미션이고 집이 곧 정체성이자 자존감의 원천이었던 것. 이제 그만 그런 시대와 결별하기로 하자. 어차피 끝물인데, 우리가먼저 작별을 고하자는 것이다. 백수만이 할 수 있는 특권이다. 정규직과 고액연봉자들은 감히 실천하기 어렵다. 노동과 화폐에매여 사는 한, 여전히 집에 집착하고 부동산 투기에 골몰하게 될것이다. 실패하면 하우스푸어 아니면 골방의 좀비. 백수는 좀 다르다. 일단 집을 살 수 없다. 대출이 불가능하니까. 참 다행이다!더 중요한 건 집을 살 생각이 아예 없다는 것. 집이 삶의 중심이아니라는 것을 깨달았으니까. 해서 본의 아니게 시대를 앞서가는 선구자가 되었다.

집은 어디까지나 베이스캠프다. 베이스캠프는 휴식 혹은 충전의 장소이지 활동의 현장이 아니다. 휴식과 충전도 지나치면 해롭다. 해서 베이스캠프에 오래 머무르면 울적해지거나 화가 치밀게 되어 있다. 기혈이 막히기 때문이다. 정精·기氣·신神의 흐름이 왜곡되기 때문이다. 우리 시대가 우울증의 시대인 것도 많은 부분 집, 특히 아파트에 대한 집착에서 기인한다. 인생이라는 활동의 무대는 어디까지나 집 바깥이다. 그래야 한다. 거리, 광장, 시장, 공원, 도서관 등등. 어차피 집에 머무르는 시간은 아주 짧다. 짧아야 한다. 헌데, 왜 우리는 집에 올인하는가. 집을 마련하기 위해 청춘의 대부분을 바치고 심지어 일생의 대부분을 빚쟁이로 살아간다. 기이한 노릇이다. 심하게 말하면, 일종의 마조히즘(masochism: 피학증) 아닌가.

"소녀시대의 팬이었어요. 근데, 서현이 100평 넘는 아파트에서 혼자 컵밥을 먹고 있는 걸 보고 멘붕에 빠졌어요. 나의 우상이 저렇게 살고 있다니…."―30대 청년인 내 조카의 탄식이다. 크고 멋진 집이 있으면 그 안에서 천국 같은 삶이 펼쳐질 거라고 상상한 것이다. 그런데 결국 혼자, 그것도 컵밥을 먹다니, 그럼 대체 저 대저택의 용도는 뭐지? 이런 생각이 든 것이다. 그렇다. 아파트의 평수가 삶의 질을 보장해 주는 건 아니다. 그럼에도 우리는 삶은 내팽개치고 집(특히 아파트)을 토템처럼 떠받들고 있다. 코로나19가 전 지구를 강타한 이후에 더욱 격심해지고 있다니, 참으로 안타까운 노릇이다. 팬데믹 이후 자연과의 공존을 모색해야 할 이 마당에 아파트에 영혼을 파는 이 현상은 대체 어떤 맥락인지.

그런 점에서 마치 새로운 우상의 탄생을 연상케 한다. 사는 곳이 아니라 모시는 곳. 쉬는 곳이 아니라 떠받드는 곳. 오직 남에게 보일 때만, 혹은 물건처럼 팔 때만 가치가 생성되는 곳. 그러니 그런 집에 머무르면 우울해지지 않을 도리가 없다. 아파트는 더구나 사각형이다. 사방이 꽉 막혔다. 군대나 감옥과 뭐가 다른가. 넓어 봤자 그게 그거다. 뷰가 좋다고? 그 뷰를 감상하는 시간이 얼마나 되는가? 그렇게 좋으면 밖으로 나와서 풍경 속으로 들어가라. 스스로 풍경이 돼라. 남산이 한눈에 보이는 뷰를 소유하려 하지 말고 그냥 남산을 걸어라. 어디 남산뿐인가. 서울은 사대명산이 둘러싸고 있는 도시다. 세상 어디 수도에도 이런 풍경은 없다. 완전히 공짜다! 한강이 보이는 아파트를 사려면 돈이 억수로 많이 든다. 청춘을 다 바치고, 영혼까지 다 끌어 써야 한다. 하지만 한강변을 산책하는 건 역시 공짜다! 한강변을 바라보는 것과 그 위를 걷는 것, 어느 게 나은가. 전자는 머무르고 후자는 움직인다. 살아 있다는 건 움직이는 것이다. 생명의 표지는 유동성이다. 모든 세대가 청춘을 부러워하는 건 이 유동성 때문이다. 움직이는 몸, 유동하는 마음, 유목하는 삶, 그게 청춘이다. 집에 죽치고 앉아 눈동자와 손가락만 까딱하고 있다면 그건 좀비와 다를 게 없다.

길의 시대가 시작되었다는 아주 뚜렷한 징후가 하나 있다. 여행 붐이 그것이다. 아주 역설적으로 코로나가 그것을 알려 주었다. 팬데믹은 가장 먼저 하늘길을 막아 버렸다. 그러자 전 세계가 멘붕에 빠졌다. '사회적 거리두기'가 준 가장 큰 괴로움은 여행을 떠나지 못하는 것이다. 무슨 뜻인가? 그만큼 많은 사람들이 온세상을 종횡무진하면서 움직였다는 뜻이다. 아마 코로나19가 종식되면 사람들은 가장 먼저 공항으로 달려갈 것이다. 마치 한풀이라도 하듯이. 그렇다. 사람들은 이동한다. 이곳에서 저곳으로. 도시에서 오지로. 동에서 서로. 특히 우리나라의 관광 열기는 엄청나다. 해외여행 세계 1위, 150억 달러의 여행수지 적자, 연 2600만 명의 출국(총인구 대비 출국률 50%) 등등. 청년층 혹은 백수들도 이 대열에 동참하고 있다. 2018년의 통계에 따르면 30세 이하 출국자는 거의 30%를 돌파할 것으로 예상했다. 코로나가 종식되면 훨씬 더 높아질 것이다. 청년들이 알바를 해서 돈을 모으는 가장 큰 이유 중의 하나도 해외여행이다. 그런 점에서 우리 시대 청년들은 '국경을 넘는', '국경이 없는' 세대라 할 수 있다. 예능에서도 이국탐방이나 오지탐험이 대세다. 청춘의 유동성을 이보다 더 잘 보여 주는 예도 없다.

이전에는 집에서 학교 혹은 직장으로 이어지는 정주의 궤도에서 잠깐 벗어나는 순간이 여행이었다면, 이젠 여행이 먼저고 여행과 여행 사이에 잠시 휴식을 취하는 곳이 집이다. 그야말로 유목의 시대인 것. 집이 베이스캠프라는 건 이런 의미다.

언급했듯이, 4차산업혁명이란 노동으로부터의 해방을 의미한다. 노동에서 해방되면 누구든 떠나고 싶어진다. 성공한 부자들, 은퇴한 CEO들이 만년에 하고 싶은 것도 크루즈 여행 아닌가. 요즘엔 아예 '시니어 노마드'라는 용어까지 탄생했다. 6070세대들이 집을 팔아 전 세계를 일주하면서 맘에 드는 곳에서 6개월, 1년씩 산다고 한다. 멋지다!

이것이 꼭 부자들한테만 해당되는 이야기인 것은 아니다. 앞서도 잠깐 언급했지만, 2021년 오스카 작품상을 차지한 영화 〈노매드 랜드〉를 보면 알 수 있다. 이 영화의 주인공은 '추방당한 유랑민'이다. 미국 금융자본의 희생양들이다. 하지만 이들은 다시 정주민이 되고자 하지 않는다. 처음에는 공장이 문을 닫고 마을이 사라져서 길에 나섰지만 이후에는 더 이상 집을 동경하지 않는다. 화목한 가족이 있고, 따뜻한 주방이 있고, 쾌적한 시설이 있지만 그건 영 시시하다. 그런 집을 지키기 위해 평생 노동을 하느라 삶을 허비하고 싶지 않다. 정주민일 때는 그것이 전부인 줄 알았지만, 길 위에서 살아 보니 그게 아니었다. 인정욕망에 시달릴 것도 없고, 대자연의 공기를 마음껏 호흡하고, 누구를 만나든 허심탄회하게 말을 나눌 수 있는, 정주민한테는 너무너무 어려운 삶이 가능했다. 그런데 왜 다시 집으로 돌아가겠는가.

어떤 관점에서 보더라도 인간은 본디 '호모 트래블러'다. 세계 곳곳, 방방곡곡, 미지의 세계를 보고 싶은 건 인간의 원초적 욕망이다. 인류는 호모 사피엔스 시절부터 길 위에 나섰다. 약탈을 위해, 순례를 위해, 교역을 위해, 혹은 미지의 세계를 탐험하기 위해. 누구든 길을 나서고 싶었지만 그럴 수 없었다. 신분제와 직업, 국경 등에 막혀 있었기 때문이다. 연암도 생애 단 한 번 중국 여행을 하지 않았던가. 하지만 이제 디지털은 모든 경계를 해체했다. 누구나 언제나 국경을 넘을 수 있다. 나아가 세계 모든 나라, 방방곡곡이 관광을 중심으로 재편되고 있다. 좀 과장해서 말하면 앞으로 사람은 둘 중 하나로 분류될 것이다. 여행을 맞이하는 부류와 여행을 떠나는 부류, 가이드 아니면 길손으로!

이게 청년들한테 다가오는 미래다. 청춘은 봄이고 봄은 목木의 기운이 충만한 시간이다. 목기는 뻗어나가는 기운이다. 언 땅을 뚫고 솟아오르는 묘목들을 떠올리면 된다. 어디든 상관없다. 떠날 수만 있다면! 이것이 청춘의 특징이다. 하긴 그렇다. 인류학적으로도 청년기의 통과의례란 낯선 곳을 떠돌며 생사를 넘나드는 시련을 겪는 것이 아니던가. 죽음의 직전까지 가봐야 거듭날 수 있다고 확신한 것이다. 우리 시대 청년의 비극은 오직 시험공부에 올인하느라 통과의례를 제대로 겪지 못한다는 데 있다. 고로, 시험의 궤도에서 벗어난 백수만이 목기의 역동성을 누릴 수 있다. 백수가 된다는 건 시간이 주어진다는 의미다. 물론 백수도 경제 활동을 하고 뭔가를 배우느라 바쁘다. 하지만 시간에 쫓길 필요는 없다. 앞에서도 언급했듯이. 부자들은 거의 다 '타임푸어'다. 시간에 쪼들리는 거지라는 뜻이다. 백수는 반대다. 타임리치! 하루의 시간을 스스로 조율할 수 있다. 시간의 노예가 아니라 시간의 주인이 되는 것. 그러면 누구든 가장 먼저 여행을 기획하게 될 것이다. 이름하여 주유천하周遊天下! 백수가 누릴 수 있는 최고의 특권이다.

연암도 그랬다. 신분제 사회에서 과거를 포기하면 사대부 청년이 할 수 있는 건 독서와 문장뿐이다. 읽고 쓴다는 것. 이것이 사대부가 평생 해야 할 거룩한 소명이다. 그런데 잘 읽고 잘 쓰려면 인정물태는 물론 천지 만물과의 교감이 필요하다. 그러니 당연히 주유천하를 해야 한다. 관료로 출세하면 그 기회는 현저히 줄어든다. 연암이 관직을 포기한 데는 여러 가지 이유가 있었지만 유람에 대한 욕심도 컸다. 흥미롭게도 연암은 집이 여러 군데였다. 안국동 생가에 마포 세심정, 삼청동 백련봉 아래, 계동과 연암골 등 어느 한 곳에 정주하기보다 그때그때 집을 옮겨 다녔다. 대저택을 소유했다면 그럴 수 없었으리라. 가난했기 때문에 대 저택이 없었고, 그래서 다양한 곳에서 살 수 있었던 게 아닐까?

우리에게도 곧 이런 시대가 도래할 것이다. 한 건축학자의 말을 빌리면, 우리나라에는 집이 너무 많다. 그런데 인구는 점점 줄어들고 있다. 우리도 조만간 일본처럼 도시가 공동화될 것이다. 집이 애물단지가 되는 시대가 온다는 뜻이다. 그때는 다들 이렇게 말할 것이다. "집을 사다니, 바보 아냐?" 집의 기능이 최소화되고 집이 도처에 넘친다면 유목민처럼 6개월 혹은 1년씩 여기저기 옮겨 다니며 사는 것도 나쁘지 않다. 시니어가 된 다음에, 은퇴를 한 다음에 그렇게 하는 게 아니라 청년기부터 그렇게 할 수 있다. 너무 불안정하지 않느냐고? '불안정'한 게 아니라 '다이내믹'한 거다. 문제는 역시 관계다. 집의 시대와 더불어 핵가족도 해체되고 말 텐데, 그러면 이제 정말 새로운 관계도가 필요하다. 고모와 조카, 먼 친척, 그리고 동료와 친구, 청년과 중년, 지인의 지인 등등. 결국 길의 시대란 가족 대신 다양한 관계들의 이합집산이 이루어지고, 내 집 대신 다양한 방식의 거주형태가 가능해지는 것을 의미한다. 오래전 연암이 그랬던 것처럼!

연암의 명문장들 역시 다 길 위의 산물이다. 그가 움직이면 글이 탄생한다. 『열하일기』가 그 결정판이다. 팔도를 거침없이 유람했던 그 내공이 중원 천지를 가로지르며 유감없이 발휘된 것이다. 우리 시대는 이 문화를 다시 부활해야 한다. 청년들을 정규직을 위한 각종 고시로 내몰 게 아니라 주유천하를 할 수 있게 지원해 줘야 한다. 청춘의 통과의례로서도 훌륭할뿐더러 인생의 소중한 자산이 되리라 확신한다. 더구나 바야흐로 100세 시대 아닌가. 20대에 10년 정도야 그렇게 긴 시간도 아니다. 아까워할 이유가 없다. (솔직히 20대를 시험 준비에 올인해도 어차피 결론은 백수 아닌가? 쩝!)

디지털은 인간이 전 세계와 연결되고자 하는 욕망의 산물이다. 4차산업혁명은 거기서 더 나아가 O2O, 다시 말해 온라인과 오프라인의 연결이 핵심이다. 한마디로 경계가 없는 세상이다. 코로나 이후가 되면 그야말로 대세가 될 전망이다. 이런 세상을 살아가려면 신체가 한없이 유연해야 한다. 그 유연성은 집에서는 결코 가능하지 않다. 오직 길에서만 가능하다! 디지털 노마드가 될 것인가, 아니면 디지털 좀비가 될 것인가? 선택의 순간이 도래하고 있다.

2. 걸음아, 날 살려라!

'골방'에서 '광장'으로

이처럼 길의 시대가 도래하고 있건만 우리 시대 청년들은 여전히 골방에 갇혀 있다. 자기 방이건 원룸이건 고시원이건, 부모의 케어를 받건 아니건, 외부와 단절된 채 사방이 꽉 막혀 있다면 거기는 '골방'이다. 청년들이 넘어야 할 첫번째 문턱이 바로 여기다. '골방'을 뛰쳐나오는 것, 그게 자립의 시작이다. 무릇 모든 가치 있는 삶에는 연습이 필요하다.

하여, 백수의 행동강령, 그 첫번째는 해가 뜨면 무조건 튄다! 가족들이 깨기 전에 일어나서 스스로 밥을 챙겨 먹고 나오면 더 좋다. 아니면 아침은 같이 먹더라도 절대 두 끼 이상은 집에서 먹지 않는다. 다시 말하지만, 관계도의 측면에서 우리 시대 가족은 최악이다. 경제가 어려워서, 사는 게 바빠서 등의 핑계를 대지만 사실 그건 허구다. 이에 대해서는 커트 보니것이라는 미국 작가의 말을 경청해 볼 필요가 있다.

> 오늘날 대부분의 사람들은 결혼을 하면 딱 한 사람과 가정을 이룬다. 신랑은 친구가 하나 생기는데 그나마 여자다. 신부는 이야기 상대가 하나 생기는데 그나마 남자다. 부부싸움이 벌어지면 사람들은 대개 돈이나 권력이나 섹스나 자녀 양육 같은 것 때문이라고 생각한다. 사실 두 사람은 자기도 모르게 상대방에게 이렇게 말하고 있는 것이다. "당신만으론 사람이 너무 모자라!" 남편과 아내, 아이 몇 명만으론 가족이라 할 수 없다. 그건 아주 허술하고 취약한 생존 단위다. 일전에 나는 나이지리아에서 이보족 남자를 만났는데, 그에겐 친한 친척이 600명이나 되었다.
>
> -커트 보니것, 『나라 없는 사람』, 김한영 옮김, 문학동네, 2007, 56~57쪽

그러면서 그는 마술을 부릴 수만 있다면 모든 미국인들에게 대가족을 선물하고 싶다고 한다. 그렇다. 핵가족은 너무 빈약하다. 만물의 영장이라는 인간이 평생 고작 셋, 아니면 넷 정도의 관계 안에 갇혀야 하다니. 정말이지 어불성설이다. 그렇다고 다시 대가족이나 가문을 부활시킬 수도 없고. 최선책은 이 소수의 가족들이 바깥에서 친구를 마구마구 사귀는 수밖에 없다. 그 친

구들이 서로서로 막 연결되다 보면 아주 특이한(혹은 수상한^^) '패밀리'가 형성되지 않을까? 앞으로 분명 그런 시대가 도래할 것이다. 그게 아니면 인류의 미래는 진짜 암울하다. 20세기를 '군중 속의 고독'이라고 했는데, 21세기는 '다 함께 고독한' 시대가 되고 있다. 핵가족이 1인가구로 쪼개지더니, 그나마 그 1인들이 집안, 아니 골방에 틀어박혀 스마트폰만 붙잡고 있다. 특히 골방족들은 주로 밤에 움직이고 낮에 퍼져 자는 식으로 산다. 밤에 하는 짓은 주로 게임 아니면 쇼핑 아니면 비트코인. 당연히 그 모든 행위에 야식이 수반된다. 양생의 관점에서 보자면, 이건 정말 최악이다. 바이러스보다, 미세먼지보다 몇 배 더 나쁘다. 면역력에도 최악이다. 더 심각한 건 백수가 이러고 있으면 가족들에게 분노와 짜증을 유발한다. 세상에서 가족이 가장 중요하다면서 가족한테 이러면 안 되지 않나. 거듭 말하지만, 가족관계의 핵심은 돈이 아니다! '동선과 리듬'이다.

그게 어그러지면 감정적으로 척력, 즉 밀어내는 힘이 강해진다. 백수라서 미운 게 아니라 그렇게 살면 누구든 밉다. 그게 차곡차곡 쌓이다 보면 한순간 증오와 원한으로 폭발하기 마련이다. 이런 끔찍한 상황을 피하려면? 간단하다. 무조건 아파트 '밖으로' 튀어라! 혼거족도 마찬가지다. 골방에 갇혀 있다 보면 이유도 없이 원망과 분노가 치민다. 이유가 없다는 게 더 큰 문제다.

이유를 모르니 해결할 방법도 없다. 그야말로 진퇴양난이다. 그러니 무조건 골방을 벗어나 길 위에 나서야 한다.

말이 나온 김에 덧붙이면, 가족관계가 힘든 건 대화와 접촉의 시간이 부족해서가 아니라 그 반대다. 서로 바쁠 땐 그나마 애틋한 감정이 일지만, 막상 얼굴 보는 시간이 길어지면 감정이 쌓이거나 폭발하기 일쑤다. 정말로 대화가 그렇게 중요하다면, 중년에 명퇴를 당하거나 정년을 한 다음엔 가족 사이가 돈독해져야 하지 않나? 또 학교 다닐 땐 보충수업에 과외에 정신없이 바빠서 대화가 어려웠다면 백수가 된 다음에는 남는 게 시간 아닌가.

코로나 바이러스가 이런 양상을 적나라하게 폭로하고 말았다. 2020년 코로나 대유행이 시작되자 거의 모든 사람들이 집에 머물러야 했다. 학교, 직장, 쇼핑몰 등으로 바쁘게 움직이던 가족들이 모두 집으로 귀환한 것이다. 자, 그럼 이제 본격적으로 그동안 못다 한 대화를 원없이 주고받아야 하지 않을까? 그런 경우도 없지 않았을 테지만, 대부분의 가족은 이 상황 앞에서 당혹감을 감추지 못했다. 대화는 고사하고 존재 자체를 견디기 어려워했다. 공교롭게도 코로나 이후 세상을 떠들썩하게 한 뉴스에는 가정폭력, 아동학대 등이 다수를 차지했다.

자, 그럼 이제 질문을 해야 한다. 가족이 인생의 축이라면서 도대체 왜 가족 간에는 대화가 불가능할까? 이게 바로 핵가족의 함정이다. 가족관계는 애증과 부채감이 기본이라 수평적인 대화가 애당초 불가능하다. 지적이고 이성적인 관계는 아예 설정조차 하지 않는다. 이 배치를 바꾸는 것도 중요하지만 그 이전에 이런 사실 자체를 받아들이는 게 먼저다. 즉, 가족은 천륜이다. 서로를 서포트해 주는 최후의 보루이지, 인생의 무대는 물론이고 귀환처도 될 수 없다. 고로, 각자의 길을 가야 한다. 또 가게 해주어야 한다. 그 길을 가는 데 있어 가족은 서로가 서로에게 든든한 배경이 되어 주어야 한다.

부모의 입장에서 헤아려 보자. 청년이 된 자식이 백수다, 이것도 걱정거리인데 그 자식이 하루종일 골방에서 밤과 낮을 바꿔 살면서 컴퓨터만 붙들고 있다면, 그건 정말 부모에 대한 정신적 테러다. 취업을 한 다음에, 돈을 번 다음에 효도도 하고 제대로 살겠다고 생각한다면 큰 오산이다. 지금 당장의 삶을 유예시키는 것처럼 어리석은 일은 없다. 그렇게 미루다간 한순간도 제대로 살아보지 못하고 생을 마감하는 수가 있다. 부모님에게든 자신에게든 최고의 선물은 지금 당장! 잘 사는 것이다. 방법은 간단하다. 아침에 일어나고 밤에 잠들면 된다. 해뜰 때 나가서 활동하고, 해질 때 돌아오면 된다.(솔직히 가족은 생사 확인만 하면 된다! 가족 간 대화의 대부분도 그거 아닌가?) 백수지만 기죽지 않고 명랑하게 살면 된다. 그것보다 더 큰 효도는 없다.

그럼 그 긴 시간을 어디서 뭘 하느냐고? 일단 걸어라! 발길 닿는 대로 걸어라. 발길 닿는 대로 걷다 보면, 많은 것을 배우고 발견할 수 있다. 거리 자체가 책이요 텍스트다. 서울 사대명산의 둘레길을 마스터한다든가 성곽길을 답사한다든가 아니면 도심의 골목 투어를 해도 좋다. 외국인들은 그 많은 돈을 들여 일부러 서울에 오지 않는가. 남산타워, 경복궁, 성곽길, 북촌 등을 답사하기 위해. 그러다 좀 자신감이 생기면, 서울의 사대명산에 도전해 보는 것도 좋다. 적극 강추한다. 공간은 그저 고정된 사물이 아니다. 언제, 어떻게 마주치냐에 따라 계속 다르게 변주된다. 한마디로 공간은 살아 있다! 시간 또한 마찬가지다. 나의 발걸음, 나의 기분, 나의 생각에 따라 활처럼 휘어지기도 하고 동그라미처럼 원운동을 하기도 한다. 물론 화살처럼 잽싸게 날아가기도 한다. 걷는다는 건 이처럼 시공간에 대한 다양한 체험을 의미한다. 그 경험들은 훗날 주유천하를 하게 될 때 아주 소중한 자산이 될 것이다.

아울러 이 '걷기'야말로 최고의 양생술이다. 양생이란 정기신을 잘 순환시켜 생명력을 보전하는 의학적 비전이다. 핵심은 통즉불통通則不痛(통하면 아프지 않다)! 아프다는 건 생리든 심리든 어딘가 꽉 막힌 것을 의미한다. 우울증, 암, 치매, 중풍 등 현대인이 가장 무서워하는 질병들이 다 거기서 비롯한다. 그래서 걷기는 거의 모든 병의 치유법에 속한다. 두통을 없애려면? 걸어라! 소화가 안된다고? 걸어라. 현대인의 불치병인 불면증을 없애려면? 역시 걸어야 한다! 삶이 허무하다고? 일단 걸어라, 좀 높고 험준한 산들을. 실연당해서 마음이 찢어진다고? 그때야말로 무조건 걸을 때다. 욕망이 치성해서 중독을 멈출 수가 없다고? 매일 새벽걷기를 해보라, 일단 100일만! 만병통치냐고? 거의 그렇다! 약간 촌스럽긴 하지만, 걷기에 관해서는 아직도 이 표현이 가장 유효하다. '걸음아, 날 살려라!' 병법 가운데 36계 줄행랑을 표현하는 말이지만 현대인한테는 그야말로 생존 전략이다. 속도는 아무래도 상관없다. 제발 남과 비교하지 말라! 속도의 기준은 내 신체다. 한 걸음이건 1만 보건 간에.

특히 걷기와 수면은 뗄 수 없이 결합되어 있다. 잠은 소중하다. 낮에 생성된 암세포들을 소멸시키는 것도, 온갖 스트레스와 트라우마를 흘러가게 하는 것도, 무의식을 통해 우주적 흐름과 연결되는 것도 다 잠이다. 잠만 잘 자도 대부분의 병은 치유된다. 거꾸로 불면증은 모든 병의 원인이자 출발에 해당한다. 현대의학도 이 점을 눈치챈 듯하다. 20세기엔 어떻게든 잠을 줄이라고 닦달하더니 이젠 잘 자는 게 얼마나 중요한지를 선전해 대기 바쁘다. '잃어버린 잠을 찾아서', '수면혁명', '뇌과학과 잠의 관계' 등등. 그 결과 '좋은 잠'을 위한 각종 상품들이 쏟아지고 있는 중이다. 세상 그 무엇도 상품으로 개발해 내는 자본의 기동성에 입이 떡 벌어지긴 하지만, 그나마 다행이다. 숙면이 양생의 핵심인 걸 알아차리긴 했으니 말이다. 헌데, 숙면에 가장 좋은 건 역시 걷기다. 특히 햇빛 속에서 하체를 움직여야 한다. 성공한 사람들 중에서 불면증이 많은 건 그 때문이다. 햇빛과 걷기라는 축복을 누릴 수 없어서다. 그래서 요즘은 회사원들이 점심시간을 쪼개 '패스트 힐링'을 한다고 한다. 회사 근처에 있는 안마카페에 가서 수액주사를 맞으며 낮잠을 잔다는 것이다. 힐링 앞에 '패스트'가 붙는 것도 참 거시기하지만, 오죽하면 그럴까 싶어 마음 한켠이 짠~하다. 그러니 백수는 축복받은 족속이 아닌가. 정규직과 부자들이 그렇게 원하는 걷기와 숙면을 동시에 누릴 수 있으니 말이다.

"나는 세끼 밥, 세끼 잠 모두 잘 먹고 잘 잔다."

-박지원, 『고추장 작은 단지를 보내니』, 48쪽

연암의 한 편지글에 나오는 대목이다. 세끼 밥은 그렇다 치고, 세끼 잠이라니. 낮잠, 초저녁잠, 새벽잠. 예전에는 이렇게 하루 세 번 나누어서 잤다고 한다(생각해 보니 그렇다. 세 번 중 한 번은 낮잠이고 두 번은 밤잠이다. 근데, 전기불도, TV도 없었으니 해지면 초저녁부터 잠들 수밖에. 하지만 밤이 너무 길다 보니 자정 즈음에 깨어날 테고, 칠흑같은 어둠 속에서 몸을 느릿느릿 움직이다가—밤마실이나 다듬이질, 단전호흡 등—다시 잠들어서 해가 뜰 때 깨어나는 식이다). 현대인은 생각조차 하기 어려운 고매한(!?) 경지다. 20세기라면 게으름 혹은 야만의 상징이었을 테지만 앞으로는 세끼 잠이야말로 고귀한 족속의 상징이 되는 날이 올 것이다(이미 그렇게 되고 있다. 노동시간을 줄이면 수면시간은 늘 수밖에 없다. 아니, 꼭 그래야 한다!).

혼자 걷기 심심하다고? 맞다. 그래서 함께 걷는 벗들이 필요하다. 제일 좋은 것은 인근의 도서관에 가서 사람들과 접속하는 것이다. 우리나라는 도서관 천국이다. 전국 곳곳에 최고의 시설을 자랑하는 도서관들이 즐비하다. 도서관에는 없는 것이 없다. 다양한 세대의 사람이 있고, 인문학 강의가 있고, 각종 문화 행사가 있다. 첨단의 시설과 쾌적한 환경은 말할 것도 없고. 단언컨대, 앞으로 정치경제학의 중심은 도서관이 될 것이다. 책과 사람, 문명과 자연이 공존하는 곳, 도서관! 도서관과 일상이 오버랩되면 다들 이렇게 외칠 것이다. "백수라서 행복해요!" 출발은 골방을 박차고 튀어나오는 데서 시작한다. 나와야 길이 생긴다. 길은 걷는 것이다. 그러니 걸어라! "걸음아, 날 살려라!"를 깊이 음미하면서. 나무와 꽃, 빌딩 숲, 시간의 흔적, 그리고 사람을 만나고 책을 만날 것이다. 그 만남의 장소가 곧 광장이다. 광장은 거창한 곳이 아니다. 내가 움직이는 곳, 사람들과 접속하는 곳, 함께 먹고 걷고 이야기하는 그곳이 바로 광장이다.

연암도 쉬지 않고 돌아다녔다. 우울증을 앓을 때도 그랬지만 백수가 되기로 결정한 다음엔 본격적으로 유람에 나섰다.

"나는 과거를 일찍 그만두어 마음이 한가하고 거리낌이 없었다. 그래서 산수유람을 많이 했었다."

-박종채, 『나의 아버지 박지원』, 34쪽

이덕무, 이서구 등 절친들과 함께 송도, 평양, 천마산, 묘향산, 속리산, 가야산, 화양, 단양 등을 유람했다. 한번은 벗들과 금강산 유람을 갈 참이었는데 노잣돈이 없어 같이 가지 못하고 벗들만 먼저 떠났다. 그 소식을 듣고 지인이 나귀 살 돈 100냥을 보내주었다. 동행할 하인이 없자 어린 여종으로 하여금 골목에 나가 소리치게 하였다. "우리 집 작은서방님(연암) 이불 짐과 책 상자를 지고 금강산에 따라갈 사람 없나요?" 말하자면 즉석에서 수행원 오디션을 한 셈이다. 마침 몇 명 응하는 이가 있어 새벽에 출발해 먼저 떠난 벗들과 조우했다. 서프라이즈! 앞서 갔던 친구들은 환호했다.

연암이라는 호號도 여행에서 얻었다. 개성 근처를 유람하다가 연암골이라는 땅을 발견했다. 황해도 금천군에 속한 두메산골이었다. "언덕은 평평하고 산기슭은 수려했으며 바위는 희고

모래는 깨끗했다. 그리고 검푸른 절벽이 깎아지른 듯이 섰는데 마치 그림병풍을 펼쳐 놓은 것 같았다. 시냇물은 맑아 속이 비쳤고 너럭바위는 판판하였는데 그 한가운데에 평평하고 잡초 우거진 빈터가 널찍하여 집을 지어 살 만하였다."-앞의 책, 33쪽 마침내 이곳에 터를 잡기로 하고 연암을 호로 삼았다. 길 위에서 땅과 이름을 얻은 셈이다.

그러다 마침내 국경을 넘을 찬스가 왔다. 불혹을 훌쩍 넘긴 마흔넷의 나이에 문득 청나라 황제(건륭제)의 만수절(70세 생일 파티) 축하 사절단에 합류하게 된 것이다. 압록강을 넘어 요동으로, 요동 벌판을 지나 산해관으로, 산해관을 통과하여 마침내 연경으로. 하지만 연경이 끝이 아니었다. 연경에서 다시 열하로! 총 2,700여 리에 해당하는 거리를 경쾌하게 관통하게 되었으니, 그건 결코 우연이 아니었다. 백수가 되기로 작정한 순간부터 연암은 쉬지 않고 움직였다. 노잣돈이 있으면 유람을 가고, 없으면 발길 닿는 대로 걸었다. 그 내공이 쌓여 마침내 열하로의 대장정을 멋지게 수행할 수 있었던 것.

백수들이 꼭 참조할 사항이다. '주유천하'를 하고 싶다면 일단 걷기부터 시작하라. 자신의 두 발을 믿고 당당하게 나아가라. 다리를 움직이면 머리가 맑아진다. 다리를 움직이지 않으면 머리가 탁해진다. 어느 쪽을 택할 것인가?

3. 세상은 넓고 공짜는 많다!

공유경제에 접속하라

해 뜨면 일어나서 바로 집을 나온다. 햇빛 속을 걷는다. 걸으면 마주친다. 하늘과 땅, 나무와 바람, 공원과 도서관, 그리고 사람들. 걷기는 사람을 발견하고 자연과 교감하는 시간이다. 그래서 자꾸 걷다 보면 여행에 대한 욕망이 솟구치게 된다. 더구나 인터넷이 지구촌 곳곳을 다 연결해 놓았으니 시공간의 범위는 점점 더 확장된다. 그럴수록 더더욱 떠나고 싶어진다.

물론 떠나기 위해선 돈이 든다. 비행기값에 숙박비, 식비, 교통비 등등. 청년 백수로선 벅찬 액수다. 결국 돈인가? 그렇다. 하지만 문제는 돈이 아니다. 돈이면서 돈이 아니라고? 역시 그렇다. 당당히 떠나려면 대충 가족들한테 묻어 가거나 패키지 상품으론 불가능하다. 스스로 돈을 운용할 수 있어야 한다. 백수는 직업이 없지만 경제 활동을 하지 않는 것이 아니다. 정규직처럼 정해진 코스가 없을 뿐이다. 정규직은 아파트를 소유하기 위해 자본을 모으지만, 백수는 길을 떠나기 위해 노잣돈을 모은다.

하여, 백수의 행동강령 그 두번째―'공유경제에 접속하라!' 쉽게 말해 공짜로 누릴 수 있는 것들을 최대한 활용하는 것이다. 우리나라는 부자다. 정말 부자다! 전 세계 지도를 펼쳐 놓고 한번 보라. 한반도는 아주 작다. 정말 작다. 그렇게 작은 나라가 G20(2021년에는 G8에 포함되기도 했다)에 들어가다니 정말 대단하지 않은가. 이 말은 기술문명이 최고의 수준이라는 뜻이다. 뉴욕이나 베이징, 지중해 여행을 하면서 실감하게 되었다. 어딜 가도 대한민국보다 인터넷이 더 빠르고 기차나 지하철 같은 대중교통이 발달된 곳이 없다(다른 건 몰라도 우리나라는 온라인이건 오프라인이건 길을 뚫는 데는 도가 텄다. 대단하다!). 불과 1세기 만에 식민지 약소국에서 첨단 국가로 발돋움한 '압축근대'의 대표주자다. 하지만 물질의 풍요와 정신적 여유는 함께 가기 어렵다. 이 간극이 지금 우리가 겪고 있는 각종 모순과 갈등의 원천이다. 이 문제를 돌파하려면 간단하다. 기술과 부를 순환시키면 된다. 그동안 우리나라가 이룬 물적 자산을 나눠서 쓰면 된다. 길을 뚫는 기술을 부의 순환에 활용하면 된다!

청년 실업이 본격적으로 등장한 것이 2003년. 20년 가까운 시간 동안 수십 조의 돈을 쏟아부었지만 청년 실업은 해결되지 않았다. 대통령을 바꿀 수도, 남북 평화 무드를 조성할 수는 있어도 일자리는 어찌 해볼 도리가 없다. 특히나 청년 실업 문제는 난공불락이다. 출산율도 마찬가지다. 수십 조나 들였는데도 출산율은 여전히 최악이다. 조만간 인구절벽이 도래할 조짐이다. 공교육에 투입되는 돈도 어마어마하다. 하지만 대학은 이미 사양길에 접어들었다. 대학이 교육을 상징하던 시대가 저물고 있는 것이다. 이런 기사를 볼 때마다 드는 생각. 이렇게나 돈이 많다니, 또 그렇게나 쏟아부어도 안 되다니. 그렇다. 문제는 돈이 아니다!

더 구체적으로 돈을 쓰는 방향이 잘못되었다. 앞서 수없이 확인했듯이 요즘 청년들은 조직이나 노동에 매이고 싶어 하지 않는다. 경제 활동을 거부하는 건 아니다. 자기가 원하는 일을, 자유롭게, 하고 싶을 때 하기를 원한다. 그래서 정규직을 확대하는 것보다 계약직이나 프리랜서의 위상을 높여 주는 게 낫다. 최근 뜨고 있는 '미니 잡'도 그런 추세를 반영한다. 미니 잡이란 주당 17시간 미만으로 일하는 단기 취업을 뜻하는데 앞으로 더욱 확산될 전망이다.

출산 문제도 그렇다. 돈을 준다고 갑자기 애를 낳겠다는 청년이 있을까? 그럴 리 없다. 거꾸로 청춘 남녀 사이에 교감이 왕성하게 일어나면 자연스럽게 출산에 대한 욕망이 솟구치게 된다. 그러니 '출산 장려'가 아니라 청춘들 사이에 '케미'가 왕성하게 일어나도록 판을 깔아 줘야 한다. 어떻게? 그냥 나눠 주는 게 제일 낫다. 이런저런 조건을 걸어 봤자 말짱 도루묵이다. 지금껏 그러지 않았나. 온갖 제도적 실험을 다 했지만 돈은 돈대로 버리고 상황은 조금도 나아지지 않았다. 그럴 바에야 그냥 주라! 혹은 그런 마음으로 정책을 만들라! 청년들이 기죽지 않고 살면서 (그러기 위해선 반드시 부모에게서 자립해야 한다!) 친구들과 즐겁게 놀고 조건 없이 사랑을 나누면서 인생을 탐구하면 그걸로 충분한 거 아닌가. 돈은 모름지기 이런 흐름 속을 돌아야 한다. 돌다 보면 소용돌이가 일기도 하고 더 큰 내를 이루기도 하고 바다로 흘러가기도 할 터, 정치경제학적으로도 이보다 더 좋은 정책은 없다.

실제로 서울시는 청년수당 50만 원을 6개월 동안 지급하는 정책을 쓰고 있다. 청년들은 그 돈을 어디에 썼을까? 인문학 강의, 친구와의 만남, 여행 등에 썼다고 한다. 빅데이터를 분석한 기사에 따르면, "청년수당을 받은 이후 고립된 생활에서 벗어나 인간관계가 돈독해졌다는 내용이 많았다. 그동안 연락이 뜸했던 친구와 만나는 횟수가 늘어난 것이다."—「청년수당, 구직만큼 인간관계에 많이 써… 고립감 해소 역할」, 『동아일보』, 2018년 2월 22일자 아울러 서울시가 제공한 서비스 중 청년들이 유익하다고 평가한 항목은 구직 정보와 함께 마음탐구·심리상담 등이었다. 삶의 핵심이 노동과 화폐가 아니라 관계와 마음이라는 사실을 증명해 준 셈이다. 서울시는 이 정책을 더욱 확대할 생각이라고 한다. 비슷한 맥락에서 한 경제학자는 고용 확대에 투자를 하기보다 "한 달에 100만 원씩 3년간 지원하는 식의 청년수당을 도입해 청년들에게 스스로 일자리를 만드는 기회를 주는 게 맞다"고 주장했다. 경제학자의 입에서 이런 제안이 나올 정도니 정말 세상이 달라지긴 했나 보다. 그렇다. 문명도 유동하고 일자리도 유동한다. 그러니 청년들은 일자리보다 이런 식의 물적 기반을 요구해야 한다. 기성세대가 그동안 일구어 놓은 자산을 즐겁게 잘 쓸 테니 믿고 맡겨 달라! 이렇게 말이다.

기본소득이 확보되면 청년들이 할 일은 아주 많다. 시청광장에서 북 콘서트, 낭송 배틀을 한다든가 우리 사회가 터부시하는 각종 이슈에 대해 '스피크 아웃'을 한다든가, 역사와 고전을 주제로 '랩 페스티벌'을 펼친다든가, 밴드를 결성하여 전국의 올레길을 탐방하면서 다큐멘터리를 찍는다든가 기타 등등. 그 과정은 유튜브를 통해 중계하면 된다. 아예 이런 활동을 전담하는 미디어 하나를 개설해도 좋겠다. 이런 일들은 사회문화적으로 꼭 필요한 일임에도 경제 활동으로 인정받지를 못했다. 돈이 안 된다는 이유로. 하지만 이젠 다르다. 유용하다고 여긴 것들이 무용하고, 무용하다고 여긴 것들이 유용해졌다. 인문학 붐만 해도 그렇다. 지금까지 인문학은 가장 '반'反경제적인 범주에 속했다. 인문학이 밥이 되고 돈이 될 거라고 누가 상상이나 했겠는가. 하지만 전국 도서관, 시청, 구청 등의 대민 사업은 인문학이 주류다. 심지어 기업연수나 CEO 강연도 인문학이 중심이다. 코로나 이후엔 더더욱 대세가 될 전망이다. 포스트 코로나 시대의 방향과 비전을 열어 가려면, 인문학(혹은 인류학)이 아니고서야 달리 무슨 방도가 있겠는가. 무용한 것의 유용함! 나만 해도 그렇다. 고전을 좋아하는 중년백수였을 뿐인데, 갑자기 인문학 붐을 타고 전국 곳곳에서 강연을 하고 있다. 경제적 유용함의 기준이 완전히 달라진 것이다.

21세기 문명의 비전 역시 공유경제다. "소유로부터의 해방"이라는 아포리즘이 있다. 『소유냐 삶이냐』라는 유명한 저서도 있다. 예전에는 영성의 테제에 속했지만 앞으로는 정치경제학적 비전이 될 전망이다. 디지털은 소유가 아니라 연결, 독점이 아니라 확산을 통해 작동하는 문명이기 때문이다. 당연히 공유경제의 스펙트럼은 점점 더 넓어질 것이다. 언급했듯이 도서관이 가장 대표적인 예다. 백수라면 도서관을 적극 활용해야 한다. 다양한 세대가 자연스럽게 일상을 공유할 수 있는 최적의 장소다. 그 밖에도 공공시설은 아주 많다. 국립박물관, 고궁, 국립공원 등등. 첨단시설과 친환경을 자랑하는 이 공간들은 사람들이 찾아오기를 열렬히 고대한다. 사람들이 드나들지 않으면 그 화려한 시설들은 졸지에 폐가가 되어 버린다. 백수들이야말로 그 공간을 채울 수 있는 최적의 존재들이다. 백수라서 할 수 없이 그런 곳엘 가는 게 아니라 백수기 때문에 그 공간을 살아 움직이게 하는 지대한 역할을 수행하는 것이다. 진정 자부심을 가져도 좋다. 이런 것이 상생의 경제일 터. 요컨대, 세상은 넓고 공짜는 많다! 이미 있는 공짜를 적극 활용하는 노하우도 필요하고, 새로운 공짜 경제를 적극 만들어 내는 사회 운동도 필요하다. 백수는 조직을 좋아하지도, 필요로 하지도 않지만 공유경제와 관련해서는 적극 연대해야 한다. 아, 굳이 거대한 조직을 갖출 필요는 없다. 각자의 현장에서 소수가 '헤쳐 모여' 하면서 게릴라식으로 하면 된다. 견고한 통념을 깨는 데는 게릴라 전법이 훨씬 효과적이다.

개인적으로는 소비를 줄이는 노하우를 터득해야 한다. 스티브 잡스가 선구적으로 보여 줬듯이 디지털 문명은 미니멀리즘과 짝을 이룬다. 생활비 중에서 가장 센 것은 뭐니 뭐니 해도 의상비다. 식비와 비교해도 압도적이다. 한데, 여기서도 공유경제가 등장했다. 아주 저렴한 비용으로 양질의 옷을 수시로 빌려 입게 된 것이다. 옷장을 늘릴 필요도 없고, 집 평수를 넓힐 필요도 없다. 의상을 순환시키기만 하면 된다. 미투운동의 연장선에서 일어난 '탈코르셋 운동'도 이런 흐름과 연동될 수 있다. 여성이 당당해지면 소비로부터 훨씬 자유로워진다는 것. 참으로 좋지 아니한가! 게다가 기후 문제의 핵심인 탄소 배출까지 줄일 수 있다니, 그야 말로 좋지 아니한가!-그레타 툰베리의 『보그』지 관련 기사를 참조할 것 식비를 줄이는 건 간단하다. 담백한 음식으로 조금 덜 먹으면 된다. 그리고 가능하면 함께 먹어야 한다. 가족 말고 친구들과! 수가 많을수록 돈이 덜 든다. 양생에 최고인 건 말할 것도 없고.

연암도 공유경제를 적극적으로 누렸다. 당시는 사돈의 팔촌까지 엮여 있어서 물품들이 수시로 오고 갔다. 빈객들도 빈손으로 오는 법이 없었다. 가난했지만 그럭저럭 살 수 있었던 것도 그래서다. 증여 경제도 활발했다. 앞서 보았듯이 금강산 유람을 갈 때도 지인한테서 여비 보조를 받았고, 연암골에 은거하고 있을 땐 홍대용, 유언호 등 절친들에게서 생활비나 술값, 얼룩소와 공책 등을 받기도 했다. 우정의 네트워크는 곧 증여의 네트워크이기도 했던 것. 그래서인가. 돈에 대한 그의 철학은 남달랐다.

중년에 고을 원님을 할 때였다. 흉년이 들자 기민 구휼에 온 힘을 기울여야 했다. 이웃 지역에서 원님을 하던 친구들이 구휼 때문에 고단해 죽겠다는 편지를 보내자 연암은 이렇게 답한다.

"우리들이 하해河海와 같은 임금님의 은혜를 입어 갑자기 부자가 되어 뜰에다 수십 개의 큰 가마솥을 늘어놓고 얼굴이 누렇게 뜬

곤궁한 동포 1천 4백여 명을 불러다가 매달 세 번씩 함께 즐기니 이보다 더 큰 즐거움은 없을 거외다. 세상에 이만한 즐거움이 대체 어디 있겠소? 뭣 때문에 신세를 한탄하며 스스로 괴로워한단 말이오?"

-박종채, 『나의 아버지 박지원』, 93~94쪽

　요즘 언어로 바꾸면 국민이 낸 세금으로 가난한 서민들과 청년 백수들에게 크게 잔치를 베풀게 되었으니 이보다 기쁜 일이 어디 있겠느냐는 뜻이다.

　생각해 보니 그렇다. 나랏돈이란 대표적인 공유경제에 속한다. 가난해서 보시나 기부를 할 처지는 아니지만 공유경제를 통해 가난한 사람들을 도울 수 있게 되었으니 연암의 처지로선 크나큰 행운을 누린 셈이다. 세금은 속칭 '눈먼 돈'이라고들 한다. 법망을 피할 수만 있다면 멋대로 써도 된다고 생각한다. 한편, 세금으로 진행되는 대민사업은 짜증과 소외의 연속이다. 연암은 그런 식의 통념을 완전히 뒤집고 있다. 번거로운 대민사업을 즐거운 축제로 바꾼 것이다. 이게 바로 연암식 정치다. 우리 시대 공무원들도 이렇게 생각할 수 있으면 직업에 대한 자긍심이 한층 고양될 것이다. 자본은 오로지 증식만을 지향한다. 하지만 그것은 삶을 고립시킨다. 돈을 통해 사람과 사람, 마음과 마음을 연결할 수 있다면, 그것이 증여다. '증식'에서 '증여'로! 이게 문명의 새로운 물결이다(한 기사에 따르면, 2014년 기준, 세계 70여 개 도시에서 3천 개 이상의 공유 서비스가 제공되고 있다고 한다).

이 물결에 올라타려면 계속 움직여야 한다. 집을 나와야 하고, 길을 걸어야 한다. 지형지물을 익히고, 시공간의 다양한 리듬을 체험해야 한다. 백수가 움직여야 돈도 흐른다. 그러다 보면 국경을 넘고 천하를 주유하는 길도 열리게 된다. 중요한 건 사유의 전환이다. 노동과 화폐, 사적 소유와 공적 자산을 자유롭게 넘나드는 전복적 상상력! 연암한테 꼭 배워야 할 덕목이다.

4. 먹방과 셀카를 넘어

여행의 기술

먹고 찍고 긁고. 이 세 가지가 우리 시대 여행의 콘셉트다. 어딜 가든 맛집을 찾아 명망 높은 요리를 기어코 먹어야 하고 그 먹은 것을 반드시 찍어서 인스타그램에 올려야 한다. 비용은 거침없이 카드로 긁는다. 여행 붐이 일면서 여행은 곧 '맛집 탐험'이 되었다. 특히 여행을 소재로 한 예능은 거의 예외 없이 먹방이다. 여행 프로가 아니라 먹방의 연장인 것처럼 보일 정도다. 또 '셀카'는 바야흐로 여행의 필수 요건이 되었다. 벚꽃 놀이를 가도, 오지 탐험을 가도, 미지의 땅을 가도, 어딜 가든 셀카가 핵심이다. 기록을 남기고 싶은 욕망은 당연하다. 하지만 셀카는 좀 성격이 다르다. 그곳이 아니라 그곳에 있는 '나', 이게 핵심이다. 여행이란 낯선 풍경과 낯선 존재들과의 마주침이다. 한마디로 나를 떠나 타자에게로 가는 행위다. 하지만 지금 여행의 콘셉트는 정반대다. 어딜 가든 중심은 나. 풍경과 타자는 배경일 뿐이다. 그야말로 어디서건 '오늘 밤 주인공은 나야, 나!'를 외치는 격이다.

　미각의 확장과 나르시시즘의 증폭. 참 궁금하다. 이럴 거면 왜 떠나지? 여행이란 떠나는 것이다. 이곳에서 저곳으로. 익숙한 곳에서 낯선 곳으로. 친숙한 이들에게서 낯선 타자들에게로. 궁극적으로는 전혀 다른 자신을 만나기 위해. 미각의 탐닉과 자기애를 통해서는 결코 불가능하다. 더 결정적으로 그런 과정에는 돈이 많이 든다. 해서 그런 여행을 하고 나면 남는 건 카드빚뿐! 이것은 떠난 것이 아니다. 열나게 제자리 뛰기(혹은 왕복 달리기)를 한 것일 뿐. 여행을 하고 돌아와서 더 피로해지거나 여행 자체에 대한 회의에 빠지게 되는 건 이 때문이다.

　백수들의 여행은 모름지기 이런 회로에서 벗어나야 한다. 맛집 순례 따위는 금물이다. 입장 바꿔 생각해 보자. 한국을 관광하는 이들에게 한국의 맛은 무엇일까? 그냥 평범한 음식들이다. 한국인들의 일용한 양식이 그들에겐 별미 중의 별미다. 마찬가지로 우리가 여행하는 곳의 별미는 그들의 평범한 음식이다. 특별한 음식이란 만들어진 상품이지 실상이 아니다. 사진도 그렇다. 자신의 얼굴이 아니라 새로운 공간 그리고 낯선 타자를 응시하라. 누군가를 만난다는 건 설렘을 선사한다. 그것이 풍경일 수도 있고 낯선 문명일 수도 있고 도시의 불빛일 수도 있다. 함께 가는 길벗의 색다른 모습일 수도 있다. 그것을 주시하라. 거듭 말하지만, 여행은 떠나는 것이다. 그리고 마주치는 것이다. 지금과는 다른 생각, 다른 정서, 다른 관계 등과 말이다.

그렇게 방향을 바꾸면 뭐가 달라지나? 가장 먼저 사건이 벌어진다. 사건이란 예기치 않은 리듬의 발현, 곧 일종의 '엇박'이다. 사람이건 풍경이건 타자들과 마주칠 때 새롭게 구성되는 파동이다. 그것을 기록하면 스토리가 된다. 요컨대, 여행이란 사건과 스토리가 창조되는 과정이다. 현대인은 여행에 대한 각종 정보에 빠삭하다. 그리고 노트북에는 엄청난 양의 사진이 저장되어 있다. 정보와 사진, 그것뿐이다. "그래서 무슨 일이 일어났는데?"라고 물으면 묵묵부답 아니면 상투적인 감탄사("완전 좋았어~", "극혐!" "진짜 짜증났어" 등등). 그것은 사건을 겪지 않고 스토리가 창조되지 않았음을 의미한다.

'길의 시대'의 여행은 이래서는 곤란하다. 먹고 찍고 긁는, 이 상투적인 리듬과는 모름지기 달라야 한다. 특히 백수는 더더욱 그렇다. 백수의 삶과 여행은 분리될 수 없다. 언제든 떠날 수 있고, 어디서건 텐트를 칠 수 있는 것이 백수의 특권 아닌가. 그렇다면 백수들은 본격적으로 여행의 새로운 기술을 터득해야 한다.

연암은 그런 점에서 최고의 가이드다. 연암의 여행에는 늘 사람이 함께했고, 사건과 이야기가 그치지 않았다. 연암은 언제 어디서나 사건을 창조했다. 그리고 그 창조된 사건을 맛깔나는 스토리로 엮었다. 그 결과물이 『열하일기』다. 『열하일기』는 조선이 낳은 절대기문이자 세계 최고의 여행기다. 『동방견문록』, 괴테의 『이탈리아 기행』, 『이븐바투타 여행기』 등 그 어떤 여행기와 비교해도 단연 독보적이다. 가장 두드러진 특징 하나. 연암은 여행 내내 끊임없이 말을 건넨다. 역관과 마두배 같은 동행자들은 말할 것도 없고, 중원에서 만난 장사치, 거리의 행인, 도사, 지식인 등에게도. 신분, 계급, 언어, 그 어떤 장벽도 그의 호기심을 가로막지 못했다. 만주족의 발흥지인 심양에선 비단장수, 골동품 장수들을 만나기 위해 야음을 틈타 숙소를 탈출하기도 한다. 가히 접선의 달인이다! 하여, 그의 여행기에는 항상 사람들로 넘쳐난다.

연암은 중국어를 할 줄 모른다. 그런데 어떻게? 당시는 한자를 공유하던 시대였다. 한자를 통해 필담을 나눈 것이다. 요즘으로 치면 '한문 채팅' 혹은 '한자 카톡'에 해당한다. 당연히 이 필담에는 온갖 형태의 보디랭귀지가 수반된다. 손짓, 발짓에 장난스런 그림(이모티콘)까지. 연암은 어떤 권위 의식이나 조금의 경계심도 없이 그 흐름에 몸을 맡긴다. 하여, 그가 있는 곳에선 늘 웃음이 터져나온다. 그 웃음은 통념을 뒤집는 역설로 이어진다. 웃음과 역설의 향연, 그 속에서 그는 문명을 탐사하고 아주 낯선 자신과 마주친다.

압록강을 건너 국경에 들어섰을 때였다. "책문 밖에서 다시 안쪽을 바라보았다. 여염집들은 모두 오량집처럼 높다. 띠풀로 이엉을 엮었다. 등마루는 훤칠하고 대문은 가지런히 정돈되어 있다. 거리는 평평하고 곧아서 양쪽 길가로 먹줄을 친 듯하다. 그 모양새가 어디로 보나 시골티라곤 조금도 없다." 이것이 연암이 본 변방의 풍경이다. 중국 문명이라는 타자와 대면한 것이다. 그 순간 기가 팍! 죽는다. 변방이 이 정도면 도심은 얼마나 대단할까. 그걸 직접 목격하는 것이 두렵다. 돌아가고 싶은 마음이 굴뚝같아지면서 등줄기가 후끈거린다. 연암한테도 무의식중에 청나라에 대한 편견이 있었던 것이다. 앞서 중국을 다녀온 벗들로부터 청 문명의 번성에 대해 전해 듣긴 했지만 막상 눈으로 확인하자 마음 한구석이 '쿵~' 하고 무너져 내렸다. 실제로 그랬다. 청나라는 이전의 어떤 왕조보다도 발군의 통치력을 발휘하여 연암이 갔을 당시엔 명실상부한 세계 제국의 중심이었다. 그 저력을 확인하게 되자 조선의 낙후한 현실이 떠오르면서 갑자기 질투심이 폭발한 것이다.

하지만 그는 통렬히 반성한다. "난 본래 천성이 담박해서 남을 부러워하거나 시기하는 마음이 조금도 없었는데" "이제 다른 나라에 한 발을 들여놓았을 뿐, 아직 이 나라의 만분의 일도 못 보았는데 벌써 이런 엉뚱한 마음이 일다니. 이는 대체 무슨 까닭 인가?" 그렇게 자문하자 마음이 진정되면서 인식의 전환이 일어 난다. "만일 부처님의 밝은 눈으로 시방세계를 두루 살핀다면 무 엇이든 다 평등해 보일 테지. 모든 게 평등하면 시기와 부러움이 란 절로 없어질 테고." 옆에 있던 하인 장복에게 묻는다.

"네가 만일 중국에서 태어났다면 어떻겠느냐?"

"중국은 되놈의 나라잖아요. 소인은 싫습니다요."

"맙소사!"

—박지원, 『세계 최고의 여행기 열하일기』(상), 고미숙·길진숙·김풍기 편역,
북드라망, 2013, 69쪽

이것은 일종의 문명 탐사이자 동시에 자기에 대한 인류학 적 탐구다. 자기 안에 있는 오만과 편견을 '있는 그대로' 직시하 고 그 리얼한 마주침을 통해 사유의 대전환을 야기한다는 점에 서 그렇다. 이 에피소드가 진지하고 심오한 편에 속한다면, 여 행 중에 일어나는 해프닝들은 시트콤이나 〈개그콘서트〉처럼 경 쾌하다.

해외여행을 하면 꼭 등장하는 테마가 하나 있다. 언어와 언어가 충돌하면서 생겨나는 갖가지 해프닝이 그것이다. 연암의 여행도 그랬다. 호행통관護行通官 쌍림雙林이란 인물이 있었다. 호행통관이란 사신단을 호위하면서 통역을 담당하는 관리다. 한데, 이 작자는 조선말도 엉망인 데다 여러모로 덜떨어진 인물이다. 한번은 연암의 하인 장복을 자기 수레에 태우고 대화를 시도한다. "내가 조선말로 묻거든 너는 관화(북경말)로 대답하렴." 이렇게 해서 기상천외의 대화가 시작되었다.

쌍림 : "너, 장가 들었냐?"

장복 : "집이 가난해서 아직 못 들었습죠."

쌍림 : "하이고, 불상, 불상, 참말 불상하다."

쌍림 : "의주엔 기생이 몇이나 되느냐"

장복 : "한 사오십 명은 될걸요."

쌍림 : "물론 이쁜 기생도 많겠지."

장복 : "이쁘다 뿐입니까. 양귀비 같은 기생도 있고, 서시西施 같은 기생도 있습지요. 유색柳色이란 기생은 꽃도 부끄러워하고 달도 숨어 버릴 정도로 미모가 빼어나답니다. 또 춘운春雲이란 기생은 가던 구름도 멈추고 남의 애간장을 녹일 만큼 노래를 잘한답니다."

쌍림 : "그렇게 이쁜 애들이 많았는데, 내가 칙사 갔을 때엔 왜 통 안 보인 거지?"

장복 : "만일 보셨다면 대감님 혼이 구만 리 장천 구름 저 멀리로 날아가 버렸을 겁니다요. 그리하여 손에 쥐었던 돈 만 냥일랑 홀랑 다 털리고 압록강은 건너지도 못했을걸요.

쌍림 : "내 다음 번 칙사를 따라가거든 네가 몰래 데려오라."

장복 : "아이쿠! 그건 안 됩니다요. 들키면 목이 달아납죠."

– 고미숙, 『열하일기, 웃음과 역설의 유쾌한 시공간』, 북드라망, 2013, 252쪽

이 과정을 지켜본 연암의 총평, "쌍림의 조선말은 마치 세 살 먹은 아이가 '밥 줘'를 '밤 줘' 하는 수준이고, 장복의 중국말은 반벙어리 말 더듬듯 언제나 '에' 소리만 거듭한다. 참 혼자 보기 아까웠다".–박지원, 『세계 최고의 여행기 열하일기』(상), 272쪽 그럼에도 일자무식인 장복의 중국말이 식자층인 쌍림의 우리말보다 훨씬 낫다! 이게 연암식 스토리텔링이다.

현대인은 사건이라고 하면 죽고 죽이고 쫓고 쫓기는 모험과 수난이 거의 대부분이다. 아니면 기구한 운명의 장난에 휘말린 막장로맨스거나. 할리우드 영화와 각종 게임에 오염된 탓이다. 사건의 전재는 변곡점이 포인트다. 아주 낯선 나를 발견하는 것, 전혀 예기치 않은 생각과 말의 회로가 생성되는 것. 사건의 핵심

은 거기에 있다. 그 과정을 생동감 있게 구성하면 그게 바로 스토리다.

인생 또한 그렇지 않은가. 삶이란 끊임없이 사건을 겪고 스토리가 창조되는 현장이다. 산전수전이 바로 그런 뜻이리라. 그 파도에 휩쓸려 가다 보면 나는 스토리의 주역이 아니라 엑스트라가 되어 버린다. 먹고 찍고 긁고, '쓰리 고'의 행진을 이어가다 보면 한순간에 훅! 가는 수가 있다. 진정으로 삶의 주역이 되고 싶다면 사건을 겪고 이야기를 창조하라! 여행은 그것을 위한 최상의 무대다.

5. 관찰하라! 기록하라! 감응하라!

접속의 기예

디지털 문명은 화려한 비주얼, 눈부신 스펙터클의 세계다. 눈과 귀는 물론이고 영혼마저 사로잡기에 충분하다. 그러다 보니 요즘 청년들은 영상과 사진 같은 시각적 표현에는 아주 능하다. 어플을 활용하면 영화 한 편도 뚝딱 만들어 낸다. 춤과 연극 같은 공연에 능한 것도 같은 이치다. 특별한 훈련을 받거나 끼를 타고나지 않아도 뮤비 한 편쯤이야 바로 완성해 낸다. 유튜브를 활용하면 일인 방송국도 얼마든지 가능하다. 아날로그 세대가 보기엔 가히 경이로운 수준이다.

하나, 얻는 것이 있으면 잃는 것도 있는 법. 영상 표현에 능한 반면 서사가 몹시 취약하다. 시각적 표현은 보여 주기에 해당한다. 하지만 인간의 감각은 시각만이 아니라 청각, 촉각, 후각 등 다양한 층위를 지니고 있다. 특히 청각은 시각 못지않게 중요한 감각이다. 시각적 수준이 다들 높아졌다면 남은 것은 콘텐츠다. 콘텐츠의 핵심이 바로 이야기다. 듣고 말하고 느끼고. 그 모든 감각이 동원되는 것이 이야기다. 한때는 이렇게 기술이 발전하고 그 기술이 모두에게 공유된다면 수많은 이야기가 범람할 것이라고 생각했었다. 착각이었다.

먼저 오프라인, 다시 말해 실제 일상에서 이야기가 사라져 버렸다. 시각자료에 집착하면서 다른 감각들이 무화된 것이다. 요즘 청년들이 소통 단절을 겪는 이유 중 하나는 자신의 이야기를 매끄럽게 푸는 데 아주 서툴기 때문이다. 매끄럽다는 건 리듬을 탄다는 뜻이다. 자연이 봄·여름·가을·겨울로 돌아가듯이, 말도 차서를 가지고 흘러가야 한다. 쉽게 말해 두서가 있어야 한다. 그렇지 않으면 스토리 라인이 마치 실타래처럼 엉키게 되고 그러면 감정이 덕지덕지 붙어서 소통은커녕 오해만 증폭된다.

다른 한편, 말하기는 곧 듣기와 함께 간다. 듣는 만큼 말한다고 하지 않던가. 잘 듣지 못하면 제대로 응답하기 어렵다. 역시 불통을 야기한다. 온라인에서야 더 말할 나위도 없다. 카톡 전성시대가 되면서 말은 실종되어 버렸다. 말과 함께 목소리도 증발되는 중이다. 수많은 톡을 날리지만, 완성된 문장은 거의 없다. 그러니 주어, 서술어, 목적어를 제대로 구사하기도 벅찬 실정이다.

그러다 보니 기술상으로는 '1인미디어 시대'가 열렸지만 이 장을 맘껏 활용하는 이들은 역시 극소수다. 대부분은 충격적이거나 선정적인 장면에 골몰하고, 그럼으로써 더더욱 이야기는 실종된다. 이러다가 목소리가 아예 퇴화되어 버리는 건 아닐까.

백수가 유념해야 할 사항은 이 시각적 쏠림 현상을 타파하는 일이다. 여행에서 유념해야 하는 것도 이 점이다. 여행은 관념이나 이미지가 아니라 몸으로, 발로 움직여야 한다. 여행지에 가서 모텔이나 여관에 머물러 게임이나 인터넷을 한다면? 그건 정말 변태다! 하지만 그건 예외적인 경우고, 누구든 여행지에 가면 움직이게 되어 있다. 보고 듣고 말하고. 온몸을 두루 활용할 수밖에 없다. 익숙한 것을 떠난다는 건 닫혀 있던 신체적 감각을 일깨우는 것, 다시 말해 감각의 배치와 분포도를 바꾸는 것임을 환기하라. 그래서 미각과 시각에 탐닉해서는 곤란하다. 미각과 시각에서 청각과 촉각, 후각 등으로의 전환 혹은 확장, 여행의 성패는 거기에 달려 있다. 그래야 사건과 스토리를 창안할 수 있으므로.

첫번째 행동지침. 관찰하라! 풍경이건 기술이건 사람이건. 여행지에서 마주치는 것들은 다 호기심을 야기한다. 호기심이야말로 인간의 원초적 본능이자 비전이다. 바다의 심연에서 저 하늘의 별까지 앎의 영역에 포함되는 건 다 이 호기심이라는 본능 때문이다. 호기심이 살아 움직이려면 오만과 편견을 내려놓아야 한다. 앞서 봤듯이 연암과 장복이의 차이도 거기에 있다. 연암은 청나라 문명에 대한 시기심이 솟구쳐도 관찰을 멈추지 않지만 장복은 청나라는 되놈이라는 편견에서 한 발자국도 나가지 못한다. 그러니 같은 곳을 간다 해도 같은 곳이 아니다. 궁금해하고 알려고 하라! 그러면 걷고 움직이고 말하게 된다. 그 과정에서 스토리가 탄생한다.

둘째는 '기록'이다. 인생도 무상하지만, 여행지에선 무상함이 가속화된다. 나도 움직이고, 마주치는 대상도 움직이고, 그에 따라 감각과 마음도 무상하게 흘러가기 마련이다. 그래서 기록이 절실하다. 사진도 기록의 하나지만 더 중요한 건 언어다. 언어는 파동이다. 순식간에 흘러왔다 순식간에 흘러가는 탓에 다시 복원하기 어렵다. 연암은 쉬지 않고 기록했다. 『열하일기』 속 「일신수필」駟迅隨筆이라는 장은 달리는 말 위에서 휙휙 지나가는 상념을 적은 것이다. 「일야구도하기」一夜九渡河記는 하룻밤에 아홉 번 강을 건너는 절체절명의 순간을 기록한 것이고, '판첸라마 대소동'은 조선 사신단의 시트콤 같은 대소동을, 「환희기」幻戱記는 열하의 시장통에서 펼쳐지는 23가지의 요술 장면을 생생하게 기록한 것이다. 마치 생중계를 하듯, 눈에 보일 듯 손에 잡힐 듯 세밀하고 리얼하다. 그야말로 디테일이 살아 있다! 다 기록의 힘이다. 관찰이 깊어질수록 기록도 생생해지고, 그 반대도 마찬가지다.

관찰과 기록은 특정 감각이 아니라 몸 전체를 써야 한다. 몸을 쓰려면 마음을 내야 한다. 몸과 마음의 어울림과 맞섬! 그 리듬을 타는 것이 감응이다. 감응한다는 건 나를 비워 타자를 들이는 행위다. 신체가 열리고 마음이 오가면서 오장육부의 새로운 흐름을 만들어 내는 것, 그것이 바로 감응이다. 그걸 어떻게 감지하느냐고? 간단하다. 대상과 나 사이에 '케미'가 일어나면 그 순간 뇌의 회로가 바뀐다. 생각의 길이 바뀐다는 뜻이다. 또 뇌가 새로운 운동을 시작하면 입에 침이 고인다. 침샘이 자극되는 것. 그 순간, 언어의 회로가 열린다. 그때 유머와 역설이 절로 터져 나온다.

타자와 접속하면 서사가 탄생한다고 했다. 서사에는 윤활유가 필요하다. 자동차가 달리려면 엔진을 움직이는 기름이 필요하듯이. 그게 바로 유머와 역설이다. 둘 다 시선과 통념의 전복을 야기하지만 유머가 부드러운 뒤집기라면, 역설은 파격적 전복이라는 차이가 있다. 그렇게 생각이 뒤집히고 언어가 터지면 결정적으로 관계가 달라진다. 동행들과의 관계, 낯선 풍경과의 관계, 자기 자신과의 관계… 길 위에 나선다는 건 바로 이런 것이다.

연암은 이 방면에선 진정 대가였다.『열하일기』는 40대 중년 시절의 역작이다. 그가 청년기에 어떤 삶을 살았는지, 어떻게 감각을 확충했는지를 짐작게 해준다. 그는 온몸으로 관찰하고 마음을 다해 기록했다. 매일 매 순간 메모를 했다. 눈과 마음에 담고 다시 글자에 담은 것이다. 열하에서 연경으로 돌아올 때 그의 손에는 메모 뭉치만 한보따리였다. 호기심 제왕이자 메모광 연암! 소통의 달인 연암!『열하일기』에는 이용후생, 중화 문명, 명·청 교체기 등에 대한 고담준론이 넘쳐 난다. 하지만 그것만이라면 지금 청년들이『열하일기』를 굳이 읽을 필요가 없다. 이미 그 문명의 테제들은 현실에서 충분히 구현되었으므로. 지금『열하일기』를 읽어야 하는 이유는 그 안에 담긴 스토리텔링과 유머의 기예 때문이다.

여행의 초입, 요동벌판에 들어섰을 때다. 갑자기 눈앞에 하늘과 땅만이 우주를 가르는 아득한 공간이 펼쳐졌다.

"멋진 울음터로구나. 크게 한번 울어볼 만하도다!"

동행자들이 묻는다. 이 넓은 데 와서 웬 통곡? 연암은 답한다.

"사람들은 다만 칠정七情(희노애락애오욕) 가운데서 오직 슬플 때만 우는 줄로 알 뿐, 칠정 모두가 울음을 자아낸다는 것은 모르지. 기쁨喜이 사무쳐도 울게 되고, 노여움怒이 사무쳐도 울게 되고, 슬픔哀이 사무쳐도 울게 되고, 즐거움樂이 사무쳐도 울게 되고, 사랑함愛이 사무쳐도 울게 되고, 미움惡이 사무쳐도 울게 되고, 욕심慾이 사무쳐도 울게 되는 것이야.

왠 줄 아는가? 근심으로 답답한 걸 풀어 버리는 데에는 소리보다 더 효과가 빠른 게 없기 때문이야. 울음이란 천지간에 있어서 우레와도 같은 것일세. 지극한 정情이 발현되어 나오는 것이 저절로 이치에 딱 맞는다면 울음이나 웃음이나 무에 다르겠는가?"

–박지원, 『세계 최고의 여행기 열하일기』(상), 139쪽

이게 바로 역설이다. 상식과 통념을 전복하는 언어의 대향연, 그리고 이어지는 반전. 그는 여기서 다시 갓난아기의 울음을 떠올린다. 갓난아기는 왜 울음을 터뜨리는가? 태어난 것을 후회해서? 살아갈 날들이 아득해서? 모두 아니다.

"갓난아기의 본래 정이란 결코 그런 것이 아니야. 어머니 뱃속에 있을 때에는 캄캄하고 막혀서 갑갑하게 지내다가 하루아침에 갑자기 탁 트이고 훤한 곳으로 나와서 손도 펴보고 발도 펴보니 마음이 시원했겠지. 어찌 참된 소리를 내어 자기 마음을 크게 한번 펼치지 않을 수 있겠는가. 그러니 우리는 저 갓난아기의 꾸밈없는 소리를 본받아서 비로봉 꼭대기에 올라가 동해를 바라보면서 한바탕 울어볼 만하고, 장연의 금모래밭을 거닐면서 한바탕 울

어볼 만하이.”

-앞의 책, 140쪽

요동의 광대함에서 통곡의 매트릭스로, 다시 탄생의 환희로. 이렇게 해서 『열하일기』의 명문장 '호곡장론'好哭場論이 완성되었다. 이 문장에는 특별한 개념이나 수사적 장치가 따로 없다. 그저 본 대로, 느낀 대로 풀어냈을 뿐이다. 관찰과 기록과 감응의 삼중주!

이건 시작에 불과하고, 이후 2,700리의 여정 동안 연암은 다채로운 방식으로 접속의 기예를 구사한다. 때론 장중하게, 때론 경쾌하게, 때론 비장하게! 이 유연한 변주야말로 우리 시대 백수들에게 꼭 필요한 여행의 기술이다. 연암은 그런 점에서 진정 21세기 백수의 멘토이자 길벗이다.

6. '길' 위에서 '길' 찾기
유동하는 청춘, 움직이는 길

우리 시대 청년들은 어디론가 떠나고 싶어 한다. 특히 국경을 넘기를 열망한다. 몇 해 전 일본을 방문했다가 확실히 알게 되었다. 청년들의 신체와 기질이 바뀌었다는 사실을. 사람들의 욕망의 패턴이 바뀌었다는 사실을. 그때부터 공동체의 비전도 바뀌었다. '길 위에서 길 찾기!'로. 그렇게 해서 뉴욕과 베이징에 캠프가 차려졌다. 청년들을 뉴욕으로, 베이징으로 파견해서 스스로 길을 찾게 한 것이다. 이후 뉴욕 캠프는 쿠바의 아바나로, 다시 2021년 여름, 스페인으로 옮겨 가는 중이다. 그 결과 소박하지만 다양한 네트워크가 형성되었고, 덕분에 수많은 사람들이 뉴욕으로, 열하로, 지중해로, 일본으로 여행을 떠날 수 있었다.

근데, 여행을 하면서 아주 흥미로운 현상을 하나 발견했다.

청년들은 거의 대부분 길을 찾을 때면 구글 지도만 검색한다. 당연하지 않느냐고? 그렇다. 근데, 문제는 계속 검색한 지도만 본다는 것. 거기에 골몰하느라 바로 앞에 목적지가 있어도 지나친다. 헐! 그러다 보니 그냥 물어 물어 가는 것보다 못한 경우도 많다. 온라인에선 길을 찾아놓고 정작 내비게이션 때문에 길을 잃는 형국이다.

길 찾기만 이런 것이 아니다. 뭐든 궁금하면 바로 검색을 한다. 스마트폰에는 뭐든 있다. 낯선 길도, 어려운 용어도, 상품에 대한 온갖 정보도. 없는 게 없다. 그뿐인가. 유튜브에서는 음악과 뉴스, 예능은 물론 저 머나먼 곳에 있는 최고 지성인의 강의까지 흘러나온다. 물리학, 천문학, 뇌과학, 기타 등등. 또 고전번역원에 들어가면 『조선왕조실록』부터 각종 문집까지 거의 모든 고전들이 한글로 깔끔하게 정리되어 있다. 진짜 없는 게 없다. 이전에는 단 한 번도 상상하지 못한 세상이다.

하지만 청년들은 이 정보의 바다에서 길을 잃었다. 내가 누구지? 어떻게 살아야 하지? 왜 살아야 하지? 더 흔한 표현은 '난 누구? 여긴 어디?'! 거의 모든 것을 다 알려 주는 네이버도 이걸 알려 주지는 않는다. 아니, 알려 줄 수가 없다. 알려 준다 한들 삶의 현장에선 쓸 수가 없다. 오히려 더 장애가 될 뿐이다. 구글 지도를 보느라 눈앞에 있는 장소를 놓쳐 버린 것처럼. 『열하일기』

의 한 장인 「환희기」에 이 비슷한 장면이 나온다. 서화담徐花潭이 길을 가다 땅에 주저앉아 울고 있는 자를 만났다. 사연을 들어 보니, 세 살에 소경이 되어 40년을 살다가 홀연히 두 눈이 맑아져 앞을 보게 되었다는 것이다. 근데 왜? "천지의 광대함과 산천의 기묘함이 눈을 가리고 온갖 의심이 가슴을 꽉 막았습니다. 수족과 귀와 코는 착각을 일으켜 마구 뒤엉켜 버려서 이전의 일정했던 감각을 잃고 보니, 집을 찾아갈 방법이 없습니다. 그래서 이렇게 울고 있는 것입니다." 마치 정보의 바다에서 익사하기 직전인 현대인의 처지와 꼭 닮았다. 서화담은 이렇게 충고한다.

"도로 네 눈을 감아라. 바로 거기에 네 집이 있을 것이다."

-박지원, 『세계 최고의 여행기 열하일기』(하), 341쪽

감각의 홍수 속에서 길을 잃었으니 그 감각을 내려놓으면 길을 찾을 수 있다는 뜻이리라. 그렇다. 삶의 지도는 검색으로 해결되지 않는다. 실천과 윤리의 지평을 수반해야 한다. 이 영역은 균질적인 해결 방안이 불가능하다. 오직 자신의 감각, 자신의 신체, 자신의 생각을 통해 각자 도모하는 수밖에 없다. 그러므로 삶의 지도는 검색과는 질적으로 다른 영역이다.

그런데 이 지점에서 반전이 하나 있다. 난 누구? 여긴 어디?

이 흔해 빠진, 다소 농담조의 질문 속에서 새로운 가능성을 발견하게 되었다. 이 질문은 굉장히 근원적이다. 급진적이라고 해야 할까? 20세기에는 청년들이 이런 질문을 던지지 않았던 것 같다. 그때는 이른바 시대정신이 확고했기 때문이다. 일제 강점기 때 태어나면 항일 독립, 전후세대에게는 자유민주주의, 1960년대는 조국 근대화, 1980년대는 독재 타도 혹은 노동해방 등으로. 매 연대는 그에 걸맞은 역사적 소명을 청년들에게 던져 주었다. 또 그것들은 생존과 직결된 것이라 그걸 벗어나 다른 질문을 던진다는 건 상상조차 하지 못했다. 예컨대, 민주화 투쟁이 절정이었던 1987년에 "난 누구? 여긴 어디?" 같은 질문을 던진다면? 바로 환자 취급 당할 것이다. 역사의 방향은 이미 정해졌고, 청년들은 그 방향에 얼마나 투신할 것인가만 결정하면 된다. 그것이 길이요, 진리요, 비전이었다.

그런 점에서 21세기는 20세기와는 완벽하게 단절된 세기다. "역사는 불연속적"이라는 푸코의 전언이 떠오르는 지점이다. 디지털은 삶을 근본적으로 바꾸었다. 기술의 대약진, 부의 무한증식, 역사의 종언, 정보의 매트릭스… 한마디로 부의 수준은 단군 이래 최고라 해도 무방하다. 그런데 시대정신이 뭐지? 잘 모르겠다. 아니, 그 이전에 시대정신이라는 개념 자체가 증발된 느낌이다. 그렇게 생각하고 보니 "난 누구? 여긴 어디?"라는 말이 절로 터져 나온다.

이 질문은 사실 선사들의 화두였다. 선불교의 대표적 화두 가운데 '이머꼬?'가 있다. '나'라고 하는 이 물건이 대체 뭐냐? 대충 이런 뜻이다. 어디서 왔냐? 어디로 가는가? 이것 역시 선사들이 즐겨 구사하는 화법이다. 한데 이게 청년들이 일상적으로 던지는 유행어라니. '헬조선'이 낳은 쓰라린 냉소라니. 오, 이런 아이러니! 그래, 청년들에게 길이 없다면, 이 시대가 자신이 어디에 있는지조차 알 수 없는 깊은 터널이라면, 그건 헬조선이 맞다. 지옥이냐 천국이냐는 GDP나 일자리 통계로 결정될 사항이 아니다. 세계를 해석하는 방식, 정서적 태도에 달린 문제다. 기성세대가 어떻게 생각하건 청년들의 마음이 그렇다면, 그 마음은 그 자체로 헬이다. 청년들과 소통하려면 그걸 인정해야 한다. 하지만, 완벽한 천국도 없지만 완전한 지옥도 없다. 지옥을 방황하다 보면 어디선가 출구가 나타나는 법. 하여, "난 누구? 여긴 어디?"를 끝까지 밀고 가보는 것도 나쁘지 않다. 그것이 화두가 되고 선문답이 될 때까지. 모든 길이 끊어진 그 허공에서 다시 '길' 찾기를 시도하는 심정으로.

그러면 방황은 끝난다. 방황이 끝나는 순간 탈주가 시작된다. 방황이 정처 없이 헤매는 것이라면, 탈주는 내가 내딛는 한 걸음이다. 남에게 물어 가는 1만 보가 아닌 내가 걷는 단 한 걸음, 그

것이 탈주의 시작이다. 다행히(?) 정착은 불가능하다. 디지털은 정주를 모른다. 끊임없이 유동하고 쉼 없이 움직인다. 고로, 퇴로는 없다.

　따지고 보면 인류는 늘 유랑상태였다. 서양은 동양으로, 동양은 서양으로. 북에서 남으로, 남에서 북으로. 처음엔 지중해를 통해, 그다음엔 실크로드, 또 다음엔 대서양의 항해로를 따라 쉬임 없이 움직이고 또 움직였다. 처음엔 생각했다. 사는 게 얼마나 고달팠으면, 그렇게 쉬지 않고 유랑을 했을까, 하고. 하지만 그게 아니었다. 정착하고 싶었으나 어쩔 수 없이 유랑을 한 것이 아니라, 유랑을 하다가 간헐적으로 정착을 한 것이다. 즉, 정착이 기본이고 유랑이 특별한 게 아니라 오히려 그 반대다. 하긴 인생 자체가 그렇지 않은가. 태어나는 순간부터 죽음을 향해 나아갈 뿐, 잠시라도 이 생을 멈춰 세울 수가 없다. 인생을 나그네 길이라고 하는 것도 그래서일 터.

　하여, 이젠 알겠다. 유랑이야말로 인류의 원초적 본능임을. 나아가 생명은 곧 운동임을. 이것을 능동적으로 받아들이면 그때 유목이 된다. 유랑이 정처 없이 떠도는 것이라면, 유목은 떠남과 머무름을 내가 주관하는 것이다. 유랑은 수동적이라 자칫 향수에 빠질 수 있다. 마치 진정한 고향 혹은 유토피아를 찾으러 떠나는 것처럼. 해서 결국은 어딘가에 정착하겠다는 망상에 사로

잡힐 수 있다. 그러면 지는 거다. 애당초 고향이나 유토피아 따위는 없다. 유목은 그와 다르다. 유목은 목적지가 없다. 고향이나 유토피아를 갈망하지 않는다. 부처, 예수, 공자, 노자 등 인류의 위대한 멘토들이 그랬듯이. 거꾸로 어디를 가건 그곳을 온전히 삶의 터전으로 받아들인다. 사막이건 옥토건 상관없다. 사막을 옥토로 바꿀 수 있다면 더욱 좋고! 하지만 때가 되면 가차 없이 떠난다. 미련 없이, 후회 없이! 머무름과 떠남의 유쾌한 변주, 그것이 유목이다. 들뢰즈와 가타리는 『천 개의 고원』을 통해 서구 형이상학의 역사를 전복해 버렸다. 그 사상적 모험이 바로 노마디즘이다. 21세기 청년들과 가장 어울리는 사상이다.

그런 점에서 연암은 18세기 조선을 가로지른 노마드였다. 그역시 우리 시대 청년들처럼 방황했다. 다른 점은 그에게는 아주 명쾌한 시대적 소명, 인생의 목표가 주어졌다는 점이다. 입신양명, 경세치용, 태평성세 등. 하지만 그는 그 코스로부터 탈주했다. 자유롭지만 불안정하고, 역동적이지만 예측불가능한 길을 선택한 것이다. 우리 시대 청년들에겐 태생적으로 주어진 그 길로. 청년 연암이 21세기 청년들과 조우하는 지점이 바로 여기다.

연암에게 있어 삶과 여행은 분리되지 않았다. 핵심은 역시 질문이다. 그는 언제 어디서나 질문을 멈추지 않았다. 자신에 대하여, 세계에 대하여, 또 인생에 대하여. 정해진 코스에서 벗어나면 누구든 근원적인 질문을 던지게 되어 있다. 압록강을 건널 때였다. 생애 처음 국경을 넘는 순간이었다. 가슴이 벅찼으리라. 옆에 있던 수석 통역관 홍명복 군에게 물었다.

"자네, 길[道]을 아는가?"

"네? 무슨 말씀이시온지."

"길이란 알기 어려운 게 아니야. 바로 저편 언덕에 있거든."

"'먼저 저 언덕에 오른다'(『시경』)는 말씀을 이르시는 겁니까?"

"그런 말이 아니야. 이 강은 바로 저들과 우리 사이에 경계를 만드는 곳일세. 언덕이 아니면 곧 물이란 말이지. 사람의 윤리와 만물의 법칙 또한 저 물가 언덕과 같다네. 길이란 다른 데서 찾을 게 아니라 바로 이 '사이'에 있는 것이지."

-박지원, 『세계 최고의 여행기 열하일기』(상), 48쪽

길 위에서 길을 묻는 연암. 길은 언제나 유동한다. 저들과 나 사이에서, 언덕과 물 사이에서, 또 이것과 저것 '사이'에서. 이것과 저것이란 세상을 지배하는 이분법을 지칭한다. 거기에 포획되면 길을 잃는다. 삶이 증발하고 메마른 공식구만 남기 때문이다. 하여, 길을 찾기 위해선 '사이에서' 사유해야 한다. 그래야 이것 아니면 저것을 강요하는 이분법에서 벗어나 제3의 길을 창안

할 수 있다. 그것은 늘 우발적이고 유동적이다. 현장마다 매번 다르게 생성되기 때문이다.

21세기 청년들 또한 유동한다. 노동과 화폐, 혁명과 연애, 스위트홈 등 20세기를 지배한 길은 홀연 사라졌다. 하지만 좌절할 필요는 없다. 길이 끝나는 지점에서 다시 여행을 시작하면 되니까. 그렇게 길은 다시 생성되는 법이니까. 물론 그 길 역시 쉼 없이 움직인다. 순식간에 생겨났다 순식간에 사라진다. 그 역동성과 스릴을 즐기려면 끊임없이 질문을 던져야 한다. 존재의 심연, 삶의 본질에 가닿는 원초적인 질문을. "난 누구? 여긴 어디?" 이것이면 충분하다.

방황에서 탈주로

노마디즘으로 무장하자!

21세기는 자본주의의 황혼이다. 모든 것이 정처 없이 산포되고 분열한다. 청년들의 마음 또한 그러하다. 다시 이전처럼 학교, 병영, 직장, 아파트라는 꼭짓점을 오가면서 사는 건 불가능하다. 하여, 집을 박차고 나와 길 위에 나서야 한다. 선택은 두 가지다. 방황이냐 탈주냐. 더 구체적으로 방황하는 좀비가 될 것인가, 아니면 유쾌한 노마드가 될 것인가. 백수는 당연히 후자를 선택해야 한다.

그래서 백수의 인식론적 기반이자 전략은 노마디즘이다. 노마디즘의 산실이라 할 수 있는 들뢰즈·가타리의 『천 개의 고원』을 마스터하는 미션에도 도전해 볼 만하다. 흠, 꽤 힘들다. 하지만 스릴은 있다. 혼자서는 어렵지만 여럿이 함께하면 해볼 만하다. 히말라야를 등산하는 셈 치고 한번 시도해 보라. 아울러 이론은 난해하지만 실천은 의외로 간단하다. 노마드가 되려면 가벼워야 한

210

다. 가벼운 자만이 떠날 수 있다. 그러기 위해선 소유를 중심으로 인생을 기획하는 일을 당장 그만두어야 한다. 집을 사고 인테리어를 하고 증식을 위한 투자를 하고 노후를 위한 보험을 들고… 이런 따위의 일만 안 해도 인생은 충분히 가볍다. 그것만으로도 자본주의 체제는 심각한 타격을 입을 것이다. 그뿐인가. 문명의 이기심으로 처절하게 망가져 가는 생태계를 복원하는 데 크게 기여할 수 있다. 자연스럽게 생태주의, 나아가 평화주의의 전사가 된다. 정신적 차원도 마찬가지다. 자의식 혹은 인정욕망으로 가득 차 있으면 존재가 점점 무거워진다. 무거우면 떠날 수 없고, 떠난다 해도 타자와 접속할 수 없다. 감각이 바뀌고 인식을 전환하는 기회를 놓쳐버린다. 그러므로 자의식을 덜어 내는 훈련이 필요하다. 제발 '나'를 좀 내버려 두라~.

나를 비우고 내려놓는 그만큼 세상이 내게로 온다. 삶이 저 심층에서 솟아오른다. 소유에서 접속으로! 증식에서 생성으로! 노마드가 되는 첫번째 스텝이다. 길은 한 걸음이면 충분하다. 그 한 걸음이 '천 개의 길, 천 개의 고원'으로 이어질 터이니.

4장

배움에는 끝이 없다

✧ 네버엔딩 쿵푸! ✧

1. '시험지' 밖으로 튀어라!

'시험기계'에서 '쿵푸팬더'로

올해 서울의 한 대학에 입학한 김모(20) 씨는 신입생의 첫 행사인 '새내기 새로 배움터'(새터)에 불참했다. 재수 끝에 신입생이 된 김 씨는 합격이 결정되자마자 행정 고시 준비에 돌입했다. 김 씨는 "재수를 한 터라 또래들보다 뒤처졌다는 생각이 들었다. 그래서 학과 학생회나 동아리 활동, 미팅 등 소위 '캠퍼스 낭만'을 만끽할 만한 마음의 여유가 없다. 새터에 가지 않은 것도 그 이유다. 가서 장기자랑 하고, 불필요한 대인 관계를 맺고 싶지 않다"면서 "2월부터 고시 준비를 하고 있다" "3월 말에 예정된 학번 MT도 가지 않을 생각"이라고 말했다.

-「취업난이 부른 아싸 문화」, 『세계일보』, 2018년 3월 14일자

이 기사의 제목은 '취업난이 부른 아싸 문화'다. '아싸'란 '아웃사이더'의 준말이다. 요즘 대학 새내기들이 자발적으로 아싸가 된다는 게 기사의 내용이다. 왜? 고시를 위해서! 취업을 위해서! 참 앗쌀하다! 이렇게 비장하고 치열한데도 대졸 백수는 점점 더 늘어난다. "앞으론 좋아질 거야", "그래, 노력하면 될 거야" 하는 따위의 말을 한다면 그건 사기다! 절대 그럴 리가 없으니까. 그래서 안타깝다. 저렇게 청춘을 몽땅 바치고도 안 되는 거라면 그냥 지금 청춘을 즐기는 게 낫지 않나? 동아리 활동도 하고 엠티도 가면서. 친구도 사귀고 연애도 하면서. 물정 모르는 소리라고? 그럴 수도 있다. 그래서 논리적으로 더 중언부언하기보다 대신 내가 최근에 겪은 청춘 스토리 하나를 들려주고 싶다.

2003년 『열하일기』를 리라이팅한 책 『열하일기, 웃음과 역설의 유쾌한 시공간』을 내면서 고전평론가의 삶을 시작했다. 여행기에 대한 책을 낸 탓인가. 이후 팔자에 역마살이 징하게 들어왔다. 수시로 국경을 넘는 일이 벌어졌고 중국, 일본, 뉴욕 등지에서 길벗들을 만나게 되었다. 덕분에 연암에서 시작된 길은 루쉰으로 이어졌고, 2017년 오랜 벗들과 함께 루쉰의 도주로를 따라가면서 재구성한 평전 『루쉰, 길 없는 대지』를 출간하게 되었다. 여기까지도 우연의 연속이지만 책이 나온 뒤 감이당에 엉뚱하게 루쉰 연극팀이 꾸려지게 되었다. 이 팀을 꾸린 청년은 스물다섯 대학 졸업을 앞둔 취준생이었다.

이 청년은 루쉰을 몰랐다. 그가 마오쩌둥毛澤東 다음으로 중국 인민들의 추앙을 받는 우상이라는 사실은 더더욱. 그 청년이 연극단을 꾸리게 된 건 그즈음 실연을 당했기 때문이다. 오랫동안 사귀던 남친에게 결별을 통고받은 뒤 불면의 밤을 보내느라 피골이 상접한 상태였다. 루쉰과 연극에 대해 이야기를 나누던 중 그 청년이 한 말. "이제 영원히 사랑 같은 건 못할 거 같아요. 흑 흑." 웃음이 빵 터졌다. "이제 100세 시대라는데, 그럼 앞으로 75년간 그 남친만 그리워하면서 살겠다는 거야?" 그랬더니 자신도 어이가 없는지 울다가 웃느라 눈물 콧물 범벅이 되었다.

암튼 이렇게 해서 연극단은 꾸려졌고, 두 번의 공연은 관객들의 열광적인 갈채를 받으면서 끝났다. 그 청년은 루쉰과 연극 덕분에 실연의 상처를 말끔히 씻어 냈다. "다신 사랑을 못할 거 같다며?"라고 놀리면 "제가 언제요? 그게 무슨 말이죠?" 하면서 딴전을 피울 정도로 명랑해졌다. 연극의 힘, 루쉰의 힘, 나아가 인문학의 힘이 참 대단하다는 생각이 들었다. 한 청년으로 하여금 마음의 행로를 완전히 바꾸게 했으니 말이다.

그해 겨울, 그 청년은 무사히(!) 졸업을 하고 9급 공무원시험을 보겠다며 고향으로 내려갔다. 연말쯤 손으로 꾹꾹 눌러 쓴 편지를 보냈다. "수많은 인연의 손길로 만들어진 무대 위에서 저희가 참 즐겁게! 신나게! 놀았어요. 정말 연극이 아니었다면 제 인생 최대의 위기였던 2017년을 어떻게 통과했을지 아득해요." 앞으로 흔들리지 않고 잘 살아 보겠다는 다짐과 함께 그가 전한 마지막 메시지. "그러다 보면 제 다음 세대쯤에는 공무원시험을 보지 않아도, 공부를 잘하지 않아도 하고 싶은 일 하며 먹고살 수 있는 세상이 오지 않을까요?" 이 말을 하려고 여기까지 왔다.

이 대목을 읽다가 갑자기 목이 탁 멨다. 이 청년, 아니 우리 시대 청년들의 방황이 가슴깊이 쑥 들어와 꽂히는 느낌이었다. 공무원이 삶의 이상이라면 이렇게 말하지 않았을 것이다. '모든 청년이 공무원이 되는 그날까지'라고 해야 맞다. 공무원시험을 보지 않아도, 공부를 잘하지 않아도 되는 세상을 원한다는 건 무슨 뜻인가. 자기가 가는 길이 즐겁지도 자랑스럽지도 않다는 뜻이다. 하지만 달리 길이 없으니 일단 갈 수밖에 없다는 것. 이보다 더 가슴 아픈 청춘이 있을까. "사랑은 가고 오는 것이니 그 나이에 실연 한번 당하는 거야 좋은 경험이지"라고 할 수 있지만 이건 좀 다르다. 아주 많이 다르다. 실연보다 백 배는 더 슬프다. 유치원부터 고등학교까지, 그리고 대학을 마치고 다시 또 취준생으로. 마치 시험을 위해 태어난 '시험기계'들처럼 보인다. 이 기나긴 시험의 퍼레이드는 대체 언제 끝나는 걸까? 아니 끝이라는 게 있기나 할까?

지금 이 시간에도 수많은 청년들이 노량진으로 간다. 공무원 시험을 준비한다는 명목으로. 열 명 중 세 명은 '쇼윈도우' 수험생이란다. 그냥 뭐라도 하고 있어야 하니까 공시생이라고 우기는 것이다. 오직 시험만으로 자신의 정체성을 표현해야 하는 시대! 참 잔인하다. 청년과 공무원. 이보다 더 부적절한 조합이 있을까. 청년들도 그걸 모르지 않는다. 그래서 저 편지글의 청년처럼 자기는 이 길을 가지만 다음엔 누구도 이 길로 오지 않기를 바라는 것이다. 생각해 보라. 세상에서 제일 재미없는 게 시험공부고, 제일 따분한(그렇다고 간주되는) 직업이 공무원인데, 그 둘을 합친 '공무원 시험공부'라니. 이건 청춘에 대한 테러다.

서두의 기사에 나오는 아싸들은 취업을 위해 1학년 때부터 인간관계를 다 끊어 버리는데, 졸업을 한 다음엔 '구준생', '공시생'이 되어 다시 솔로가 된다. 밥 먹는 시간도 아끼느라 교재를 손에 들고 밥을 먹는다고 한다. 촛불항쟁 때 내건 슬로건이 '이게 나라냐?'였다. 그것보다 더 참담하다. "이게 청춘이냐?" 아니, "이게 인생이냐?" 제발 취업난이 심하니 어쩔 수 없다고 말하지 말라. 청춘을 '시험기계'로 보내느라 그들의 신체와 마음은 쪼그라들 대로 쪼그라든다. 메마를 대로 메마른다. 그 쓸쓸함과 서글픔, 또 그 끔찍한 지루함을 대체 무엇으로 보상받을 수 있을까?

솔직히 말하자! 보상은커녕 대부분은 다시 취업에 실패한다.

최소한 양심이 있다면, "이왕 이렇게 된 거 대학 땐 실컷 놀고 그 다음부터 취준생이 되어도 늦지 않아~"라고 말해야 하지 않을 까. 하지만 진짜 중요한 건 그게 아니다. 핵심은 '시험기계'로 살 아가는 저 기나긴 시간 속에서 배움의 즐거움이라곤 상정조차 되지 않는다는 사실이다. 우리 시대 교육은 공부를 가능한 한 재 미없게 만드는 데 총력을 기울인다. 마치 공부는 원래부터 고행 이라는 숙명론에 빠진 것처럼 보인다. 하지만 그거야말로 거대 한 착각이고 망상이다. 공부는 본디 즐겁다. 앎 혹은 배움보다 인 간을 행복하게 하는 것은 없다. 오죽하면 예전의 성인들은 뭔가 를 깨닫고 나면 자기도 모르게 벌떡 일어나 춤을 덩실덩실 추었 다고 했겠는가. 앎은 파동이다. 그 다이내믹한 리듬을 싹 빼 버리 고 씹다 뱉은 껌처럼 만든 것. 이게 우리 시대 교육의 가장 치명 적인 약점이다. '공부'는 '시험'과 동의어고, 시험은 성적으로, 스 펙으로, 수치로 환원된다. 결국 청춘은 숫자다! 그 과정에서 신체 는 뻣뻣하게 굳어 버린다. 수치가 높으면 세련된 '로보캅', 수치가 낮으면 음울한 '좀비'.

재미없고 멋없고 지루한 것은 모든 시험의 숙명인가? 연암 도 그렇게 생각한 것 같다. 연암은 과거 시험장에 들어가서도 백 지를 내거나 기암괴석을 그리고 나왔다. 아니면 한유韓愈와 두보 杜甫 스타일로 시를 지어 친구들과 같이 감상을 하거나. 한마디로 시험의 배치를 경쾌하게 '생깐' 것. 시험제도의 부조리를 고치려고 투쟁한 것이 아니라 아예 시험의 장 바깥으로 튀어 버린 것이다. 그러니까 어떤 제도, 어떤 시험이냐가 아니라 과거 시험이라는 조건 자체를 거부한 셈이다.

그가 원한 건 시험이 아닌 공부였기 때문이다. 공부는 쿵푸다. 인생과 세계에 대한 탐구로서의 쿵푸! 그것이 시험과 다른 점은 크게 두 가지다. 하나는 아는 만큼 기쁘다는 것. 다른 하나는 그 기쁨을 통해 신체의 교감능력이 확장된다는 것. 요컨대, 쿵푸는 앎과 삶과 몸이 매끄럽게 이어지는 흐름이고 파동이다. 유동하는 지성! 이걸 맛보지 못하면 진정 태어난 보람이 없다. 학교에 다닐 이유, 대학이 존재할 이유는 더더욱 없다.

이 대목에서 백수가 무엇인가에 대해 다시 생각해 볼 필요가 있다. 백수는 정규직에서 탈주함과 동시에 더 근원적으로 시험이라는 숙명을 박차고 나온 존재다. 그럼 아무것도 배우지 않나? 그렇지 않다. 시험장을 박차고 나와야 본격적인 배움이 가능하다. 그때 배움은 피가 되고 살이 된다. 놀이가 되고 충전이 된다. 영화 〈쿵푸 팬더〉가 좋은 가이드가 될 수 있다. 거기서는 무술로 하는 쿵푸지만 책을 읽고 글을 쓰고 지성을 연마하는 것이야말로 무술보다 더 강도 높은 쿵푸다. 인생을 탐구하고 자연과 소통하는 것이기 때문이다. 실연의 아픔을 치유할 수도 있고, 또 다른 사랑을 시작할 수 있는 원동력이기도 하다. "그렇게까지 공부를 해야 하나?"라고 묻는다면 말하리라. 그렇다! 그렇게까지 해야 한다! 그래야 쿵푸의 맛을 알게 되니까. 그래야 존재의 보람을 맛보게 되니까. 무엇보다 그것이야말로 청년의 특권이자 소명이니까.

연암은 본인도 시험의 굴레에서 벗어났지만 중년에는 청년들에게도 시험이 아닌 진짜 공부의 맛을 가르쳐 주었다. 이 지점에서 연암의 '선비론'을 한번 음미해 보시라.

· 선비란 이 세상 모든 사람들의 근원이다.

· 본래의 바름을 지키는 선비란, 뜻은 갓난아이 같고 모습은 처녀 같으며 일 년 내내 문을 닫아걸고 글을 읽는 존재다. 갓난아이는 연약할지라도 자신이 바라는 것에 전념하고 처녀는 서투를지라도 자신이 지켜야 할 것에 굳건하니, 우러러 하늘에 부끄럽지 않고 구부려 사람에게 부끄럽지 않은 바는 오직 문 닫아걸고 글 읽는 일이로다!

· 글을 읽어서 써먹기를 구하는 것은 모두 사사로운 욕심이다. 일 년 내내 글을 읽어도 학업에 진전이 없는 것은 사사로운 욕심이 해를 끼쳤기 때문이다.

· 군자가 죽을 때까지 하루라도 폐해서는 안 되는 것은 오직 글

읽는 일이로다!

- 선비가 하루만 글을 읽지 않으면 얼굴이 단정하지 못하고 말씨가 단아하지 못하며, 비틀비틀 몸을 가누지 못하고, 두려워 떨며 마음을 놓지 못한다.
- 글 읽기에 있어서는 일 년 내내 읽어도 뉘우칠 말이 없으며, 백 사람이 따라 행해도 허물이 없다.
- 어린아이가 글을 읽으면 요망해지지 않고, 늙은이가 글을 읽으면 노망나지 않는다.

-박지원, 『낭송 연암집』, 22~30쪽

연암에게 있어 선비란 곧 읽고 쓰는 존재인 것. 즉, 선비가 따로 있는 게 아니라, 책을 읽고 글을 쓰면 누구든 선비가 된다. 그런데 이 선비라는 존재가 세상 모든 이들의 근원이자 지향해야 할 바라는 것이다. 이 선비론 혹은 글쓰기론의 대단원은 이렇게 마무리된다. "온 천하 사람들로 하여금 편안히 앉아 글을 읽도록 한다면 천하가 무사하리라." 와우~ 이렇게 심오한 비전이 있었기에 기꺼이 백수의 길에 나선 것이었구나!

연암이 서울을 떠나 연암협에 잠시 은거하던 시절의 이야기다. 개성은 장사가 주업인 곳이었다. 학문에 뜻을 둔 이들도 공부라곤 과거 시험밖엔 몰랐다. 연암이 개성 근처의 금학동에 거처하자 인근의 선비들이 찾아와 배움을 청했다. 다시 연암골로 들어가자 이들은 모두 책 상자를 짊어지고 따라와 한 해가 지나도 돌아갈 줄을 몰랐다.

> "우리 고을 선비들이 무지하여 경전과 사서史書가 무엇인지 제대로 알지 못했지요. 선생님(연암)의 가르침을 듣고서야 비로소 과거 공부 이외에 문장공부가 있고 문장공부 위에 학문이 있으며, 학문이란 글을 끊어 읽거나 글에다 훈고訓詁를 붙이는 것만으로 될 수 없다는 사실을 알게 되었지요."
>
> -박종채, 『나의 아버지 박지원』, 41쪽

우리 시대도 마찬가지다. 시험이 아닌 공부의 즐거움을 모두가 누릴 수 있어야 그게 진짜 교육혁명이다. 그에 비하면 경제적 차별 따위는 그야말로 부차적이다. 또 경제적 격차는 당장 해결하기 어렵지만 교육의 배치를 바꾸는 일은 당장 할 수 있다. 아니, 당장 해야 한다. 청춘을 시험에 바치느라 '외로운 늑대' 아니면 '골방의 좀비'가 되는 것을 대체 언제까지 방관할 참인가.

구준생이 되어 떠난 그 청년에게 문자를 보냈다. 합격해서 공무원이 되면 그때부터 진짜 공부를 시작하라고. 시험공부가 아닌 삶에 대한 공부를. 그래야 공무원의 역할도 즐겁게 수행하고, 너의 청춘도 빛나게 될 것이라고. 그 청년이 보내온 응답. "시험에 합격하면 고향에서 다시 연극팀을 꾸리겠습니다! 루쉰과 니체를 통해 사람들을 다시 연결해 주고 싶어요!" 물론 시험에 떨어질 수도 있다. 그래서 그 코스에서 튕겨 나올 수도 있다. 그럼 두 팔 벌려 환영하리라. 웰컴 투 쿵푸월드!

2. 삶의 주인이 된다는 것

두려움과 충동으로부터의 해방

2018년 초, 평창올림픽이 한창일 무렵 갑자기 대한민국에 쓰나미가 몰려왔다. 한 여검사가 고발한 성추행 사건이 미투운동으로 확산되면서 성 담론이 수면 위로 급부상한 것이다. 이전에도 성범죄야 무시로 일어났지만 어디까지나 개인적 일탈로 치부되었을 뿐 그것이 사회적 이슈로 공공연하게 제기된 적은 별로 없었다. 마침내 둑이 터진 것이다. 한 번 터지자 그 파도는 법조계를 넘어 문학계, 예술계, 정재계, 언론계 등 전방위로 확대되었다. 사람들은 '촛불 항쟁'이나 '탄핵 정국' 같은 거대한 정치적 국면보다 더 놀라고 당혹스러워했다. 상식과 관습의 밑바닥이 송두리째 뒤집히는 상황이었기 때문이다.

누구나 인정하다시피 성욕은 원초적 욕망이다. 우리는 모두 그 욕망의 산물이다. 생명을 탄생시키는 원동력이니 얼마나 뿌리 깊고 강렬하겠는가. 그런데 우리는 마치 그것을 여러 욕망 혹은 취향 가운데 하나 정도로 취급해 왔다. 해서 적당히 은폐하고 적당히 즐길 수 있는 것처럼 간주한다. 특히 우리나라는 성에 관한 한 심각하게 이중적이다. 공적 장에선 사랑과 낭만의 판타지로 아예 욕망을 거세해 버리고, 사적 욕망이 난무하는 음지에선 섹시 코드 및 포르노가 범람한다. 이런 극단적 이중성이 더더욱 성을 범죄화하는 데 일조했을 것이다.

성은 규범이나 도덕으로 제어되지 않는다. 그래서 스스로 조절하는 능력을 키우는 수밖에 없다. 사람마다 신체적·기질적 성향이 다른 까닭에 일률적인 통제란 애초부터 불가능하다. 이 점을 먼저 인정해야 성에 대한 윤리적 접근이 가능하다. 도덕이 외부로부터 주어지는 명령이라면, 윤리는 내적 능동성의 발로다. 전자는 한계가 뚜렷하다. 외부적 명령이기 때문에 공적·법적 감시망을 피하기만 하면 된다. 거기에는 욕망이란 무엇인가, 성적 충동을 어떻게 제어할 것인가에 대한 질문이나 방법 같은 건 수반되지 않는다. 미투운동의 가해자들은 우리 사회에서 최고의 엘리트이자 리더스 그룹에 속한 이들이다. 한마디로 자기 분야에서 최고의 성취를 이룬 이들이다. 하지만 그들 역시 이 문제에 관한 한 한없이 무력했다. 아니, 그 이전에 그런 생각 자체를 못했을 것이다. 우리 사회 성교육의 수준이 그렇다. 학교와 집, 미디어는 성에 대한 무지와 편견으로 가득 차 있다. 멜로적 순정 아니면 포르노의 광기, 둘 사이를 분주하게 오갈 뿐이다. 그러니 이제 청년들은 스스로 배워야 한다. 욕망에 대하여. 섹슈얼리티에 대하여. 여성성, 남성성에 대하여.

소크라테스 이래 배움의 핵심은 자기 자신을 아는 것, 궁극적으로 자신의 '무지'를 아는 것이다. 그 무지에서 두려움과 충동이 싹트는 법이다. 인간은 근원적으로 두려움을 안고 살아간다. 미래, 직업, 노후, 관계 등등. 인간을 두렵게 하는 건 많다. 하지만 그 모든 것이 충족되어도 두려움은 그치지 않는다. 왜? 산다는 건 늙고 병들고 죽는 것이기 때문이다. 이 무상하게 흘러가는 여정을 피할 길은 없다. 피할 수 있는 사람도 없다. 누구나 겪는 보편적인 코스인데 왜 이렇게 두려울까? 모르기 때문이다. 나고 죽는 것이 무엇인지, 어떻게 살고 죽어야 하는지…. 그렇다면 두려움에서 벗어나는 길도 간단하다. 알면 된다! 감히 알려고 하라! 공자, 부처, 노자 등 인류의 위대한 멘토들은 생로병사의 무상한 이치를 터득함으로써 두려움에서 벗어났다. 그들이 누린 자유는 여기에서 비롯한다.

두려움이 외적 한계에서 오는 것이라면, 충동은 내부로부터의 폭발이다. 생명은 욕망과 분리되지 않는다. 가장 기본적인 것은 식욕과 성욕이다. 식욕과 성욕은 함께 간다. 물론 최종심급은 성욕이다. 훨씬 강렬하고 세다. 자본주의는 이 성욕을 모든 마케팅의 척도로 삼는다. 그러다 보니 일상의 거의 모든 영역에 성적 충동이 스며들어 있다. 성욕에 살고 성욕에 죽는다고 할 정도로. 유사 이래 어떤 이데올로기도 이보다 더 지독한 것은 없었다. 나아가 이 식욕과 성욕에서 인정욕망과 지배욕 같은 사회적 욕망이 분출된다. 지긋지긋하게 보아 왔듯이, 권력투쟁에는 늘 주색잡기가 수반된다. 돈과 성, 술과 육식, 그리고 지배와 폭력, 이것들은 언제나 하나의 계열을 이룬다.

가장 일차적인 것은 바로 이 욕망의 얽히고설킨 관계를 직시하는 것이다. 금욕도 쾌락도 다 위태롭다. 지금 우리가 그 현장을 목격하고 있는 중이다. 물론 백수는 성공을 위해 성욕을 억압할 필요도, 감출 필요도 없다. 하지만 이 충동에 휩쓸리다 보면 삶의 질은 현저히 떨어진다. 미투운동이 보여 주듯, 성욕이 충동으로, 그리고 폭력으로 이어지는 순간 평생 쌓은 모든 업적은 도로아미타불이다. 백수의 삶에도 이건 치명적이다. 백수의 존재론적 기반인 우정과 지성의 네트워크를 와해시키기 때문이다. 그럼 어떻게 해야 하나? 탕진도 금지도 아닌, 소통과 순환의 길을 찾아야 한다. 그렇지 않으면 앞으로 여성과 남성 사이엔 가부장제보다 더 큰 장벽이 생길 수 있다. 이미 남혐, 여혐은 심각한 수준이다. 디지털은 모든 이항대립을 다 넘나든다. 당연히 여성성과 남성성의 경계도 종횡한다. 트랜스젠더, 동성애, 양성애, 거기다 요즘은 남성과 여성 어디에도 속하지 않는 논바이너리(Non-binary)가 대세란다. 바야흐로 n개의 성이 만개하는 중이다. 그런데 여전히 남성–여성의 이분법 안에 갇혀 있다면 그건 시대착오의 극치다. 그러므로 미투운동을 계기로 여성과 남성은 본격적으로 서로를 탐구하고 활발한 교감을 시도해야 한다. 욕망은 몸으로, 몸은 마음으로, 마음은 우주로 이어진다. 의학, 뇌과학, 역학에 대한 공부가 절실하게 요구되는 이유다.

연암의 공부도 여기에서 시작한다. 조선 시대 사대부들의 공부의 중심은 성리학이다. 성性은 인간의 본성, 리理는 우주의 이치를 의미한다. 본성과 이치가 다르지 않다는 전제하에 인생과 자연의 원리를 탐구했던 것. 본성과 이치가 통한다면 세상은 왜 이토록 모순과 갈등으로 가득한가? 본성이 욕망에 가려진 탓이다. 본성과 욕망의 괴리, 그 엇박자로 인해 번뇌의 아수라장이 펼쳐진다. 화폐에 대한 미친 열정, 권력에 대한 브레이크 없는 질주 등도 거기에서 비롯한다. 연암은 백수였고 청빈을 달게 받아들였으니 그걸로 충분한가? 아니다. 백수는 더더욱 자신의 욕망을 탐구하고 성찰해야 한다. 자신을 지키는 힘은 오직 거기에 달렸으므로.

연암은 술을 좋아했다. 벗과 술과 거문고, 그리고 지성 넘치는 토론이 그의 일상이었다. 하지만 술의 마력에 휘둘리지 않았다. 그의 일대기를 보면, 밤새 50여 잔의 술을 마시고도 흐트러짐 없이 새벽녘에 말을 타고 연암골로 갔다는 일화가 나온다. 와우~. 대단하다! 즐기되 탐닉하지 않는 것. 이것이 바로 윤리의 기본이다.

그럼 성욕에 대해서는 어땠을까? 그 점에서 연암은 실로 남달랐다. 일부다처제 사회에서 소실을 둔 적이 없을 뿐 아니라 기생을 가까이하지도 않았다. 지방 수령으로 지낼 때 기생들이 늘 곁에서 가족처럼 모셨지만 한 번도 마음이 흔들린 적이 없었다.

"매양 술이 거나해지고 밤이 깊어 등잔불이 가물가물하면 담소는 한창 무르익고 앞자리의 기생들은 구성지게 노래를 불렀었지. 이즈음 사람들은 바야흐로 신이 나고 흥이 고조되었는데, 공(연암)은 때때로 근엄한 낯빛에 엄숙한 목소리로 기생들을 그만 물러가게 하곤 했지. 그러면 사람들은 흥이 싹 식고 말았지. 그러나 공(연암)께서 왜 그러시는진 알 수 없었어. 아마도 이는 공(연암)이 스스로를 힘써 반성하며 극기하는 방법이 아니었나 싶어. 비록 힘들여 억지로 절제하는 흔적이 있기는 하나, 질탕한 풍류와 근엄하게 마음을 다스리는 공부를 겸한 셈이니 이러고서야 대장부라고 할 수 있겠지.”

-연암의 처남 지계공 이재성이 한 말; 박종채, 『나의 아버지 박지원』, 114쪽

아무리 풍류가 질탕해도 '정신줄'을 놓지 않았다. 그리고 그 것을 자신을 다스리는 공부로 삼았다. 진짜 멋지다! 우리 시대 상류사회에선 상상조차 하기 어려운 경지 아닌가. 연암의 내공을 짐작게 해주는 사례가 하나 있다.

쉰 살 무렵 할 수 없이 생계형 관직에 나섰는데, 그 해에 부인이 세상을 떠났다(평생 고생하다가 남편이 처음으로 녹봉을 받아오게 되자 세상을 떠난 것이다. 이런!). 당시 사대부는 상처를 하면 당연히 재혼을 하는 게 관습이었다. 식욕(밥)과 성욕(잠자리)을 동시에 해결하기 위해서다. 근데, 사대부는 사대부끼리 혼인을 해야 하는데, 사대부 여성은 개가가 허용되지 않으니 아무리 나이가 많은 남성일지라도 처녀장가를 들어야 했다. 50~60대에 자식들보다 한참 어린 15~16세 처녀와 혼인을 하는 식으로(물론 이런 관습은 중인 이하 평민들한테는 적용되지 않는다. 사대부계층이 아니라면 여성들은 얼마든지 개가를 할 수 있었다. 심지어 아홉 번이나 한 여성도 있다). 당연히 연암에게도 재혼을 하거나 첩실을 들이라는 충고가 빗발쳤다. 연암은 단호하게 거절했다. 1장에서 보았듯이, 연암은 손수 밥을 하고 고추장을 담글 정도로 살림의 달인이다. 또 평생 원한 것은 독서와 문

장이었다. 여성에게 밥 시중을 받고 성적 서비스를 받아야 할 이유가 없었다. 식욕, 성욕으로부터 자유로웠던 것이다. 그랬기 때문에 여성과의 깊은 교감이 가능했으리라.

이게 바로 백수의 품격이다. 부귀를 누리는 이들은 나이가 들수록 의존적이 된다. 특히 성욕과 식욕, 두 가지 면에서. 그것이 부귀의 대가다. 누리면 누릴수록 더 갈증이 심해지는 것이 욕망의 속성 아니던가. 결국 중독에 빠질 수밖에 없다. 참 안타깝고 또 허무하다.

충동을 제어하지 못하면 삶은 더한층 두려움에 휩싸인다. 두려움과 충동은 나란히 함께 간다. 삶의 주인이 된다는 건 바로 이회로에서 벗어나는 것을 의미한다. 방법은 오직 하나, 끊임없이 질문하고 배우는 수밖엔 없다. 본성과 욕망, 식욕과 성욕에 대하여. 화폐와 성, 권력과 충동에 대하여. 부디 명심하라. 무지가 모든 번뇌의 원천이라는 사실을. 그리고 그것은 훗날로 미룰 일이 아니다. 인생의 첫발을 내디디는 청년기에 바로 시작해야 한다. 취업보다, 성공보다, 훨씬 더 중요하다.

3. 알파고는 '딥'러닝, 백수는 '덤'러닝

백 권의 고전에 도전하라!

자, 이쯤 해서 '백수란 무엇인가?'를 다시 한번 짚어 보자. 백수는 보통 건달과 통용된다. 노는 인간, 쓸모없는 인간, 잉여 인간, 비정상인 등의 의미가 들어 있다. 대충 맞는 말이다. '놀다, 무용하다, 비정상이다'——이 낱말들은 해석에 따라 아주 역동적인 의미들을 생성해 낸다. 하지만 지금껏 이 낱말들은 무조건 부정적으로 해석되어 왔다. 놀면 안 되고, 사회적으로 유용해야 하고, 그래야 정상이라는 식으로. 당연한 말이지만, 시대가 변하면 단어의 의미도 바뀌어야 한다. 더구나 백수가 대세가 된 이 마당에 그런 낡고 케케묵은 관념을 되풀이해서야 곤란하지 않을까? 지금 청년 백수들이 겪는 가장 큰 상처가 그런 낡은 표상 때문이라는 점을 고려하면 더더욱 그렇다. 그런 언어의 창살에 갇히기 싫어서 백수라는 걸 숨기거나 억지로 '쇼윈도' 공시생이 되거나 혹은 맞지도 않는 노동이나 조직에 억지로 자신을 끼워넣거나 하기 때문이다.

이미 언급했듯이, 백수는 직업이 없는 게 아니라 스스로 경제 활동을 주도하는 존재다. 아무 일도 하지 않는 백수는 드물다. 뭐든 한다. 다만 정규직에 매이거나 어떤 고정된 장소에 출퇴근을 하지 않을 뿐이다. 필요할 땐 직업을 갖지만, 쉬고 싶으면 언제든 그만둔다. 일주일이라는 리듬에 갇혀서 주5일이냐 6일이냐를 고심하는 것이 아니라, 계절이나 1년 단위, 혹은 3년, 5년, 10년 단위로 리듬을 조율하는 존재다. 솔직히 말해서, 1년 열두 달 365일 내내 일주일(월화수목금토일)이라는 분절에 맞춰 동일한 노동을 반복하는 이 패턴이 정상인가? 내 생각엔 그게 훨씬 비정상이다. 이런 식의 잔혹하고 지루한 리듬은 근대 이후 자본주의와 태양력의 주도하에서 정착된 것일 뿐 결코 인류의 자연스런 본성이 아니다. 수렵 사회건 농경제 사회건 노동은 계절의 리듬을 탔다. 농번기, 농한기, 수렵기, 휴지기 등으로. 태양력뿐 아니라 태음력, 절기력, 갑자력 등 다양한 역법이 활용되었다. 태양과 지구가 돌기 위해선 달은 물론이고 수많은 다른 별들의 운행도 함께해야 한다. 마찬가지로 인생과 일상에도 다양한 리듬이 필요하다. 일과 휴식, 놀이와 사색, 친교와 여행이 서로 어우러지는 그런 리듬 말이다. 교사나 교수직을 선망하는 이유도 방학이라는 긴 휴식기간이 있어서가 아니던가.

앞으로는 모든 직업이 그런 방향으로 나아가게 될 것이다. 어떻게 아느냐고? 간단하다. 그게 모두에게 좋으니까. 모두가 그런 방식의 리듬을 원하니까. 계절이 주요한 척도가 되긴 하겠지만, 꼭 그럴 필요는 없다. 여름 한철 빡세게 노동하고 싶은 이들도 있을 테고, 겨울에는 어차피 이동이 쉽지 않으니 집중적으로 단기 알바를 뛰어서 목돈을 쥐고 싶은 이도 있을 것이다. 자신의 신체와 능력, 환경조건에 맞춰 각양각색으로 리듬을 타면 된다. 고로, 백수에게 꼭 필요한 것은 바로 이 리듬의 조율이다. 활동만 그런 것이 아니라 우정과 사랑, 기타 인간사 전부가 그러하다. 명리학과 별자리를 보면, 인간의 운명은 5년, 10년, 혹은 30년 단위로 크게 바뀐다. 인생에도 봄·여름·가을·겨울이 있는 셈이다. 이런 변화를 정규직이라는 제도로 꽁꽁 묶어 둔다는 건 정말 부자연스럽지 않은가. 반생명적이라는 생각도 든다.

그럼 어떻게 해야 자기만의 리듬을 창조할 수 있을까? 일단 자신의 몸에 내재한 고유한 리듬을 알아야 한다. 자신을 아는 만큼 타자를 이해할 수 있다. 이해하는 만큼 포용할 수 있다. 그리고 그 상호작용이 존재와 세계에 대한 인식의 확장으로 나아갈 수 있다. 이건 대학에서도 배우기 어려운 것들이다. 하긴, 대학은 결코 이런 내용을 알려 주지 않는다. 대학의 울타리를 벗어나고 정규직을 포기한 백수만이 이런 공부를 할 수 있다. 아니, 백수가 되는 순간 이런 갈망이 마구마구 솟아난다. 심지어 이런 공부를 하고 싶어서 잘나가는 정규직을 가차 없이 때려치우는 경우도 있다.

　백수가 주력해야 하는 지점이 바로 여기다. 해서 백수가 해야 할 가장 핵심적 활동은 독서다. 아니, 읽는 활동이라고 하는 게 더 적절하다. 읽기는 가장 근원적이고 본질적인 행위다. 당연히 책이 중심이다. 하지만 읽다 보면 세상 모든 것이 텍스트라는 것을 알게 된다. 아니, 그 이전에 삶 자체가 읽기다. 시간의 변화를 읽고 공간의 차이를 읽고 욕망의 흐름을 읽고 타인의 마음을 읽고… 읽고 읽고 또 읽는다. 그러다 보면 이 세계가 온통 책이고 우주가 거대한 도서관임을 깨닫게 되리라. 얼마나 경이로운가! 얼마나 기쁜가! 누구든 이 경이로움과 기쁨의 향연을 맛보게 되면 누구든 책을 삶의 중심에 놓게 된다. 읽지 않고는 못 배기게 된다. 얼마나 읽으면 될까? 일단 백 권을 목표로 하라. 왜 백 권이냐고? '백'수니까(랩의 전성시대라 라임을 한번 맞춰 봤다). 아, 여기서 백 권은 숫자 100에 한정되지 않는다. 백은 완전수다. 자신을 지키고 완성할 때까지 읽는다고 생각하면 된다. 지식이 화폐적 수단이 아니라 존재를 바꾸는 교량이 될 때 그것을 수행이라고 한다. 〈쿵푸팬더〉에도 나오지만 공부의 최고 경지도 다름 아닌 수행이다. 그럼 이제 백수를 새로운 방식으로 정의해 보자. 백수란 무엇인가? '백' 권의 고전을 읽는 '수'행자! 오, 기막힌 라임이다.

백수가 되는 순간, 백 권의 고전에 도전하는 미션을 스스로에게 부여해 보라. 그럼, 눈 뜨면 바로 동네 도서관, 지역 박물관, 아니면 북 카페 등등으로 뛰쳐나가게 될 것이다. 책을 읽으면 반드시 배가 고프게 되고, 그때 먹는 밥은 꿀맛이다. 밥을 먹으면 걷고 싶어진다. 그러면 그날 읽은 책을 음미하면서 산책을 하라. 그리고 다시 독서! 그렇게 하루를 보내면 몸과 마음이 충만하게 될 것이다. 그런 시간을 쭉 이어 가려면 당연히 벗이 필요하다. 공부와 밥과 산책을 함께하는 길벗! 이 문제는 귀가 아프도록 설명했으니 됐고. 백수가 이런 리듬을 스스로 만들어 낼 수 있다면 그것만으로도 인류 평화에 기여하게 된다. 인류를 지키겠다고 열심히 싸우는 어벤져스 형제들보다 훨씬!(사실은 그런 영웅들 때문에 세상이 어지러운 거다. 흥!) 연암도 말했다. "천하의 모든 이들이 책을 읽는다면 천하가 태평해질 것이다." 내가 가장 좋아하는 경구 중 하나다.

1987년세대에게는 노동자가 역사의 주역이었다. 단지 산업의 역군이자 투쟁의 대오를 이루었기 때문이 아니다. 그때 노동자는 철학자였다. 하루 14시간, 15시간 이상의 고된 노동을 마친 이후에도 야학을 했고, 광장에서, 혹은 지하서클에서 토론을 했다. 계급적 모순이 심화될수록 세계를 이해하고자 하는 열망이 드높았기 때문이다. 우리가 그동안 이룬 민주주의의 원동력은 노동자라는 계급 자체가 아니라 그들이 수행한 공부와 철학에 있다.

이제 변화의 축은 바뀌었다. 노동자에서 백수로! 노동자가 세계를 변혁하는 철학에 투신했다면 백수는 삶과 존재를 탐구하는 인문학에 집중한다. 철학에서 인문학으로! 이념에서 지성으로! 팬데믹 이후엔 탐구의 영역이 훨씬 더 깊고 넓어질 전망이다. 인문학에서 인류학으로! 지성에서 영성으로! 자연과의 공존을 모색하려면 인간중심주의를 넘어서야 하고, 기후재난을 극복하려면 '욕망과의 거리두기'를 모색해야 하고, 그러기 위해선 영적 지혜가 절실하기 때문이다. 바야흐로 동양의 오래된 지혜와 서구지성의 첨단인 양자역학, 생물학, 뇌과학이 마주쳐야 하는 때가 도래한 것이다. 그러니 백수가 고전을 탐구하고, 인문학에서 양자역학을 아우르는 건 실로 당연하지 않은가. 백수는 분명 우리 시대 모순의 결정체다. 그러므로 그에 걸맞은 시대정신을 구현해야 마땅하다. 30년 전 노동자들은 시간을 쪼개고, 피로에 지친 몸으로 철학을 했지만 우리 시대 백수는 다르다. 시간도 많고 체력도 충분하다. 예전에는 다 쓰러져 가는 건물에서 야학을 했지만 지금은 친환경/최첨단 시설이 차고 넘친다. 얼마나 좋은 세상인가! 얼마나 기막힌 행운인가!

연암은 평생을 독서인으로 지냈다. 근데, 읽는 속도는 신통치 않았던 것 같다. "나는 기억력이 썩 좋지 못하다. 그래서 책을 읽다가 덮으면 곧바로 잊어 버려 머릿속이 멍한 게 한 글자도 남아 있지 않은 것 같다"고 고백한 바 있다. 우리 모두가 경험하는 바이다. 연암 같은 천재도 그렇다니 다소 안심이 된다.^^ 그러니 진도가 안 나간다고, 금방 까먹는다고 실망할 필요는 없다. 독서는 그 자체로 삶을 충만하게 하는 것이지 기억을 하느냐 못 하느냐는 중요하지 않다. 더 중요한 건 독서가 일상과 오버랩되는 것, 그리고 고전의 내용들이 신체와 융합하여 나의 언어가 되는 일이다. 그게 바로 지성이고 수행이다.

연암은 말한다. 아무리 좋은 음악이라도 자주 들으면 지겹지만, 책 읽는 소리는 절대로 지루하지 않다고. 또 세상의 어떤 부모도 자식이 책 읽는 모습을 보면 기뻐한다고. 이 말은 정말 기억해 둘 만하다. 백수가 된 자식이 게임을 하거나 쇼핑을 하고 불법 동영상(일명 야동)을 보고 있으면 기분이 확 상한다. 때론 화가 치밀기도 한다. 하지만 책을 읽고 있으면 일단 안심이 된다. 대견하기까지 하다. 감이당(&남산강학원)이 지금까지 수많은 선물을 받은 것도 이 때문이다. 감이당에 오면 청년부터 노년까지 다들 세미나에 강좌로 바쁘다. 근데, 그 장면을 보면 누구든 흐뭇해한다. 그래서 뭔가 선물을 해주고 싶은 마음이 드는가 보다. 덕분에 감이당 주방엔 전국 곳곳에서 선물들이 답지한다. 쌀과 과일, 반찬과 야채 등 온갖 먹거리들이(자세한 내용이 궁금하시면 남산강학원 홈피를 보시면 된다).

책을 읽는 순간이야말로 집중의 시간이다. 집중은 자신에게나 세상에게나 가장 이로운 행위다. 무지는 산만함을, 산만은 충동을, 충동은 폭력을 낳는 법. 이 과격하고 거친 흐름을 멈추게 하는 것이 곧 집중이다. 집중이야말로 정·기·신을 순환시키는 양생술의 핵심이자 삶을 고귀하게 이끌어 주는 윤리적 정수다. 책을 읽는다고 다 이런 경지에 도달하는 건 아니지만 책을 읽지 않고 온전히 삶의 주인이 되기란 불가능하다. 예전에는 책이 드물었기 때문에 소수의 사람만이 책을 접할 수 있었다. 하지만 지금은 다르다. 모두에게 그 길이 열렸다. 상품으로 쳐도 책값이 세상에서 가장 싸지만 도서관에서는 그마저 공짜다! 다만 접속만 하면 된다.

20세기 지식은 전문성이 중요했다. 문헌학적 탐색, 복잡한 공식, 천문학적 수치 등을 수반했기 때문이다. 하지만 이제 이런 지식은 굳이 인간이 할 필요가 없다. 인공지능이 하면 된다. 이세돌과 알파고의 대결로 우리는 인공지능이 수행하는 '딥러닝'의

위력을 충분히 확인할 수 있었다. 10만 개가 넘는 바둑 대전의 정보를 가지고 스스로 수를 배워 가는, 그야말로 '딥(deep)'(깊고 깊어서 바닥을 알 수 없는)한 러닝은 인간의 두뇌로는 도달하기도 어렵지만, 굳이 인간이 거기에 도전할 필요도 없다. 백수의 공부는 딥러닝이 아니라 '덤러닝'에 가깝다. 덤이란 영화 〈덤 앤 더머〉의 그 '덤'(dum)이기도 하고 우리말의 '덤'이기도 하다. 당장 돈이 되지도 않을뿐더러 뭐에 쓸지도 잘 모르겠는 '삽질'이거나 정체를 알 수 없는 혹처럼 붙은 '덤'(요즘 말로 하면 잉여)이라고 해도 좋다. 그런데 바로 그것이 우리를 살맛나게 한다. 세상을 유쾌하게 만든다. 오염된 대기를 청정하게 한다. 이보다 더 유용하고 이보다 더 유익한 게 또 있을까! 그러니 딥러닝은 알파고에게 맡기고, 백수는 덤러닝을 하는 걸로. 백 권을 독파하는 그날까지 '슬기로운 삽질'을!

4. '크리에이터'의 기본기

말하기, 그리고 글쓰기

"글쓰기를 하고 싶은데, 어디서부터 시작해야 할지 모르겠어요."―대학에 가서 글쓰기 강의를 하면 꼭 듣는 질문이다. 그럴 때마다 나도 모르게 화가 솟구친다. 대학의 지성은 결국 문장력이 핵심인데, 대체 대학은 뭘 가르치고 있는 건가 싶어서다. 하긴 대학의 입장에선 억울할 법하다. 대학마다 글쓰기 지원 센터 같은 것이 있고, 글쓰기를 지도하는 튜터링 시스템도 꽤나 갖춰져 있는 편이다. 이건 뭘 의미하는가? 글쓰기가 지성과 분리되어 여러 기술 중의 하나가 되었다는 것을 의미한다. 그러니 글쓰기가 늘 막막할 수밖에. 수업 중 발표하는 리포트도 대개 PPT 자료로 구성되어 있다. PPT는 시각과 청각 같은 다양한 감각을 활용한다는 점에서는 유용하지만 문장과 언어의 응집력을 훈련하기에는 부적절하다. 디지털 문명이 지성을 퇴행시키는 아주 대표적인 예에 속한다.

지성이 무엇인가? 읽기, 말하기 그리고 쓰기다. 앞장에서 보았듯이, 지성은 곧 독서다. 『신약』(요한복음)에 나오기를, 태초에 말씀(logos)이 있었다! 이슬람 경전인 『코란』은 그 자체로 '읽어라!'라는 뜻이다. 동양 사상에선 '문'(文)을 천지의 '무늬'라고 새긴다. 읽는다는 것이 신(혹은 자연)이 내린 최고의 축복이라는 증거들이다. 읽기는 말하기와 분리되지 않는다. 그리고 결국 쓰기로 이어진다. 지성인이라면 일단 말을 명료하게 할 수 있어야 한다. 버벅거리고 웅얼거리고 중언부언하면 그건 지성의 결핍을 폭로하는 격이다. 아울러 문장을 정확하게 작성할 수 없으면 역시 지성이라 할 수 없다. 당연히 대학에선 이걸 연마해야 한다. 1987년에 대학생이 정치 지형을 뒤흔들고 시대를 선도할 수 있었던 이유는 이념이 아니라 말과 글의 힘에 있었다. 당시 대학생들은 수많은 군중 앞에서 사자후를 토해 내고 법정에서도 당당하게 독재 권력을 향해 저항적 담론을 생산할 수 있었다. 학생회관이 연애의 산실이었던 것도 그 때문이다. 청년들은 '말과 글'(로고스)을 통해 청춘의 정념을 마음껏 발산했다. 덕분에 최루탄과 백골단이 난무하긴 했지만 그 시절 청춘은 누가 뭐래도 '에로스와 로고스의 향연'이었다.

하지만 우리 시대 대학은 이런 기본적인 공부법을 잃어버렸다. 이른바 취업 공부는 말을 거세하고 글을 소외시키는 방향으로 나아간다. 대학은 혼밥족이 대세다. 말을 주고받을 장이 없는데, 대체 누구한테 말하기를 배운단 말인가? 글쓰기도 쌍방향적 활동이다. 글이 유통되는 활발한 네트워크가 없으면 시작조차 하기 어렵다. 그러니 결국 서비스 센터를 이용하는 것이다. 이런!

이렇게 대학교육이 황폐화되는 사이에 세상은 완전히 바뀌었다. 지난 몇 년 동안 세상은 1인 미디어의 시대로 접어들었다. 유튜브와 팟캐스트의 시대가 열린 것이다. 누구든, 언제든 카메라 혹은 마이크 앞에서 자신의 소신과 이야기를 떠들 수 있게 되었다. 동시에 TV는 예능이라는 장르가 거의 모든 채널을 점령해버렸다. 뉴스도, 정치토론도, 인문학도 예능화되는 중이다. 말하자면, 말이 말을 낳고, 꼬리에 꼬리를 물고 이어지는 바야흐로 구술의 시대가 도래한 것. 그 말들은 다 글을 전제로 한다. 혹은 그 말들을 엮으면 책이 된다. 20세기엔 말과 글 사이에 아주 깊은 낭떠러지가 있었다. 하지만 지금은 말과 글이 그 간극을 넘어 서로를 향해 열심히 달려가는 중이다. 말이 글을 낳고, 글이 다시 말의 씨앗이 되는 식으로. 이 정도면 말과 글이 21세기적 생존 전략이 되었다고 해도 무방하다. 요컨대, 생산수단은 말, 생산관계는 디지털! 백수한테는 딱 좋은 활동무대다. 요즘 대세가 된 '크리에

이터'가 되는 길이기도 하다.

백수는 규율과 제도에 갇힌 노동은 거부한다. 대신 뭔가를 창조하고 관계를 확장하는 활동은 언제든 오케이! 유튜브건 팟캐스트건 자유롭게 활용해서 자기를 표현하면 된다. 기술은 준비되었으니, 문제는 콘텐츠! 결국 이야기가 핵심이다. 이야기를 창조하려면? 거듭 말하지만, 자신을 탐구하고 타자와 접속하기. 자의식의 감옥에서 벗어나 사건의 현장 속으로 들어가기. 취준생과 혼밥족이 위험한 건 그래서다. 접속이 없으면 변용도 불가능한 법, 자기를 알기 위해서도 반드시 타자라는 거울이 필요하다.

말하기는 결국 글쓰기로 이어진다. 연암도 그랬다. 그의 고백에 따르면, 독서의 속도도 신통치 않고 기억력도 별로였지만 제목을 놓고 집중을 하다 보면 읽었던 책의 내용들이 생생하게 살아 움직인다는 것이다. 말과 글이 따로 노는 경우도 있긴 하지만, 대개는 같이 간다. 점점 더 시각이미지가 강화되고 있긴 하지만 그래도 SNS의 토대는 글이다. 더 정확하게 말하면, 순수한 문장이 아니라 말이 뒤섞인 구어체적 글—페이스북, 트위터, 텔레그램 등등. 결국 모든 것은 말과 글로 통한다. 글쓰기는 전방위적이다. 더 이상 엘리트들의 전유물이 아닐뿐더러 일상적 소통을 위해서는 반드시 터득해야 하는 기예다.

한편 글쓰기는 양생적으로도 몹시 중요하다. 글을 쓴다는 것은 몸의 정·기·신을 안으로 수렴하는 활동이기도 하다. 양생의 핵심이 발산과 수렴의 조화라고 한다면, 현대인은 심할 정도로 발산에 쏠려 있다. 사방에 빛이 명멸하다 보니 눈과 귀가 외부로 향해 있을뿐더러 욕망 역시 늘 위를 향해 솟구친다. 불면증이나 우울증, 이명, 공황장애 같은 병들이 많은 것도 그 때문이다. 핵심은 발산하는 기운을 안으로 거두는 것인바, 글쓰기는 기운을 수렴하는 데 있어 아주 유효하다. 글쓰기는 기분이 '업!'되거나 들뜬 상태로는 불가능하다. 몸과 마음이 균형을 잡아야 할 뿐 아니라 정신이 맑고 투명해야 한다. 그렇지 않으면 문법적 코드와 낱말의 흐름에서 이탈해 버리기 십상이다.(좀더 알고 싶다면 『고미숙의 글쓰기 특강: 읽고 쓴다는 것 그 거룩함과 통쾌함에 대하여』를 참조할 것.)

그러므로 백수는 글쓰기를 일상화해야 한다. 일기든 리뷰든 평전이든, 장르나 형식은 상관없다. 시나 소설, 드라마 같이 '튀는' 장르일 필요는 없다. 그런 글쓰기는 특별한 재능을 요하기도 하고 결국 대중문화의 영역으로 흡수될 소지가 높다. 그런 점에서 인문학적 글쓰기가 가장 적합하다. 인문학적 글쓰기는 재능이 아니라 사유를 필요로 한다. 형식은 평범하지만 깊은 성찰이 가능하다. 연암이 바로 그 방면의 대가다.

연암은 문장가다. 이 말은 평생을 문장을 쓰는 데 올인했다는 뜻이다. 그는 말한다.

"내가 제일 좋아하는 일은, 마음에 드는 글을 새로 창작했을 때 한두 사람 뜻이 맞는 이들과 조금 술잔을 기울이다가 글을 잘 읽는 의젓한 젊은이로 하여금 음절을 바로하여 한 번 낭랑하게 읽게 하고서는 누워서 글에 대한 평이나 감상을 듣는 것이다."

–박종채, 『나의 아버지 박지원』, 115쪽

이 맛을 누리기 위해 과거를 포기했다고 할 수도 있다. 헐~. 그게 그렇게 대단해? 그렇다! 그게 얼마나 근사한 일인지는 몸소 체험해 보기 전에는 절대 모른다.

조선은 사대부의 나라다. 더 정확히 말하면 사대부가 생산하는 문장이 통치의 기틀을 이룬 나라다. 문장이 곧 권력이자 비전인 시대다. 연암 시대의 임금인 정조대왕은 말했다. "읽고 쓴다는 것, 이것이야말로 우주 사이의 가장 통쾌하고 거룩한 일"이라고. 문장의 힘이 얼마나 대단한지 확인시켜 주는 멘트다. 정조는 연암을 사랑하고 또 견제했다. 어떻게든 자신의 곁에 두고 싶어 틈만 나면 구애의 손길을 펼쳤으나 연암은 그때마다 구렁이 담 넘어가듯 요리조리 빠져나간다. 1792년 문체반정(타락한 문풍을 올바른 문장으로 되돌린다는 명분을 내걸고 정조가 일으킨 정치적 이벤트)에서 정조는 사대부의 문풍을 어지럽힌 배후로 연암의 『열하일기』를 콕! 찍는다. 여기에는 여러 가지 함의가 있다. 일단 정조가『열하일기』를 통독했다는 사실을 알 수 있다. 아마 무척 재미있었을 것이다. 하지만 그는 왕이었다. 사대부들이 그런 자유분방한 문장에 도취되면 나라의 기강이 흔들린다고 판단했을 것이다. 재 있는 글을 '재밌다'고 말할 수 없는 게 왕의 팔자다. 좀 안됐다! 해서,『열하일기』의 위험성을 지적하지 않을 수 없었던 것이다. 그건 벌을 주기 위해서가 아니라 연암을 회유하기 위해서였다. 반성만 제대로 한다면 요직에 임명해 주겠다고 제안한 것이다. 물론 연암은 다시금 은근슬쩍 빠져나간다. 역시 뱀띠답다(연암은 정사ㅜㅌ년 출생으로 '붉은 뱀의 해'에 태어났다). 좌우지간 이 사건은 역설적으로『열하일기』가 시대의 문풍(글쓰기의 트렌드)을 바꾸었음을 증언해 준다. 맞다.『열하일기』는 독보적인 절대 기문이다. 이전에도 없고 이후에도 없을! 권력을 다투는 정치에는 끝내 관여하지 않았지만 연암은 문장을 통해 새로운 길을 열었다. 말의 길이 바뀌면 세상이 바뀐다!

연암의 글쓰기는 말하기와 분리되지 않는다. 언제 어디서나 친구와 함께했고, 끊임없이 말을 건넸으며, 또 끊임없이 남들을 웃겼다. 그 말의 향연이 글쓰기의 원천이었으리라. 연암 같은 천재나 가능하다고? 천만에! 읽고 쓰고 말하기는 인류에게 가장 보편적인 행위이자 지극히 평범한 능력이다. 더구나 우리는 연암보다 훨씬 유리한 시대에 살고 있다. 18세기는 물론이고 20세기까지만 해도 소수의 지배층과 엘리트만이 말과 글을 독점해 왔다. 하지만 이제는 어림없다. 우리 시대 말과 글에는 주인이 없다. 다 디지털 문명 덕분이다. 누구든 그 흐름에 접속하여 리듬을 생성하면 된다. 말이 글이 되고 밥이 되고 우정이 될 때까지. 여행이 되고 모험이 되고 구도의 여정이 될 때까지.

그러기 위해선 남을 따라하거나 흉내 내선 안 된다. 남의 말, 남의 글에 악플을 달거나 '좋아요'나 누르고 있을 때가 아니다. 자신의 삶에 기반한 생동감 넘치는 언어를 뿜어내야 한다. 진솔하게 당당하게! 연암은 말한다.

"남을 아프게 하지도 가렵게 하지도 못하고, 구절마다 범범하고 데면데면하여 우유부단하기만 하다면 이런 글을 대체 어디다 쓰겠는가?"

-박종채, 『나의 아버지 박지원』, 186쪽

데면데면하다는 건 자기의 언어가 아니라는 뜻이다. 즉 사이비似而非, 곧 그럴듯하지만 가짜라는 뜻이다. 그런 글은 밋밋하고 지루하여 남들에게 어떤 감응도 촉발도 야기하지 못한다. 그건 가짜면서 또 죽은 글이다. 연암은 또 말한다. "사모관대를 쓰고 '죽어 자빠진 시체'가 아니라 누더기를 뒤집어썼을지언정 양지

바른 곳에서 햇볕을 쬐고 '살아 있는 거지'가 되겠노라!" 와우~.

그렇다. 핵심은 생명력이다. 시퍼렇게 살아 움직여야 한다. 사모관대처럼 화려한 레토릭으로 장식된 글은 오히려 쓰기 어렵지만 생기발랄한 삶의 현장을 담는 거야 누구나 할 수 있지 않은가. 어떤 편견에도 끄달리지 않고 있는 그대로! 썼을 뿐인데, 유머가 되고 역설이 되는 그런 글쓰기 말이다. 『열하일기』가 세계 최고의 여행기가 된 비결 또한 거기에 있다.

5. 운명의 지도를 탐사하라!

인생의 멘토는 천지자연

"취업을 하면 엄청 좋을 줄 알았는데, 너무 재미없어요. 계약직이라 불안했는데 이젠 빨리 끝났으면 좋겠다는 생각이 들기도 해요."

"헐~ 그럼 여기서 하는 공부는 재밌어? 스펙에 전혀 도움이 안 될 텐데…."

"그냥 책 읽고 같이 이야기하는 게 넘 재밌어요. 특히 명리학이랑 별자리, 자연철학에 관심이 생겨서 앞으로 그 공부를 더 열심히 해보고 싶어요."

감이당과 남산강학원이 공동으로 운영하는 '청공스쿨'(청년공자스쿨)에 다니는 한 청년과의 대화다. 청공이란 '청년들이 공부로 자립하는 프로젝트'라는 뜻이다. 2018년에 시작했는데, 현재 30여 명의 청년들이 참가하고 있다. 목표는 100명이다(왜? '백'수니까!). 단지 공부만 하는 것은 아니다. 소박하지만 경제 활동도 가능하도록 방법을 모색 중이다. 그래야 진정한 자립이 가능하니까. 영역은 생활의 주축인 주방일과 청소, 영상 작업을 담당하는 강감찬TV, 세미나나 강좌를 안내하는 매니저 등 나름 다양하다. 당연히 상당한 자금이 소요된다. 그걸 담당하는 건 감이당 중년들이다. 좀 더 효율적으로 운용하기 위해 '청년 펀드'를 조성했는데, 의외로 반응이 좋아서 깜짝 놀랐다. 중년과 청년이 크로스하는 '트랜스 제너레이션'의 새로운 비전이 되길 희망한다.

청공 멤버들 대부분은 당연히 백수지만 취업에 성공한 경우도 더러 있다. 앞서 대화에 등장한 청년이 그런 예다. 이 청년의 고민은 리얼하다. 취업을 하긴 했는데 직장이 너무 재미없다. 보통은 계약직에서 정규직이 되는 게 꿈이지만 차라리 계약이 빨리 끝났으면 좋겠다는 거다. 대단한 걸 원하는 게 아니다. 서로 이야기를 주고받고 편안하게 밥 먹고 인생에 대해 조금씩 알아가고… 이런 소소한 일상의 재미가 없다면 대체 어떻게 산단 말인가? 삶에는 맛이 있어야 한다. 살맛! 거기에는 달콤한 러브 스토리나 소름 끼치는 스릴러물이 필요한 게 아니다. 관계와 활동의 잔잔한 리듬 정도면 충분하다. 이름하여, '소확행'!

이 청년이 자연철학에 꽂힌 것도 그 때문이다. 자연철학은 말 그대로 자연학과 철학의 결합을 뜻한다. 자연의 이치를 통해 삶의 비전을 탐구하는 공부라고 생각하면 된다. 명리학이나 별 자리 점성술 등도 다 거기에 속한다. 전자는 동양, 후자는 서양 이라는 차이가 있지만 둘 다 천문학의 이치를 통해 운명의 지도를 그린다는 점에서는 공통적이다. 태어난 연월일시를 바탕으로 그 사람의 타고난 기질과 성향, 그리고 관계의 지도를 그려주는 일종의 내비게이션이라 생각하면 된다. 동서양 모두 이런 앎의 체계를 오랫동안 광범위하게 활용해 왔다. 하지만 근대 이후 계몽주의가 부상하면서 주류 학문에서 배제되어 미신으로 추락해 버렸다. 그렇다고 사라진 건 아니고 지하로 변방으로 흘러들어 끈질지게 살아남았고 이제는 새로운 번성기에 접어든 느낌이다.

특히 과학의 패러다임이 양자역학과 불확정성, 정보이론 등으로 이동하면서 명리학과 별자리는 다시금 지적 시민권을 확보해 가는 중이다. 뉴턴식의 근대과학이나 그 원리에 기반한 계몽주의는 아무리 고도의 지식을 쌓는다 해도 거기에서 삶의 방향이나 운명의 지침을 얻기는 어렵다. 분석, 절단에는 능하지만 종합, 연결에는 무능한 까닭이다. 하여, 오직 물질적 부를 일구는 데 활용할 수 있을 따름이다. 물질의 풍요와 존재의 충만은 함께 가지 않는다. 반비례하는 경우도 적지 않다. 기술 문명이 절정에 이른 지금, 청년은 물론 중년, 노년 등 모든 세대가 정처 없이 떠돈다. 그 마음이 향하는 곳은 형해화되고 메마른 과학적 지식이 아니다. 자신을 탐구하고 세계를 통찰하는 앎! 종로거리에 늘어서 있는 사주 텐트의 행렬을 보라. 그뿐인가. 타로카페, 사주 미용실, 사주로 보는 교육상담 등은 더 이상 특이한 일이 아니다. 살기가 어려워서 미신에 혹한 것이라고 비판할 수도 있다. 하지만 명리학과 별자리를 한번이라도 공부해 보면 그런 식의 혹세무민이 불가능하다는 것을 알게 된다. 좋은 운명이란 길흉 사이의 조화에 있는 것이지 욕망을 향해 달려가는 것이 아니다. 그런 점에서 점성술은 자본주의적 멘탈과는 불화한다. 성공을 하라고, 재산을 증식하라고 말하지 않기 때문이다. 오히려 그 반대다. 그렇게 달려가면 삶과 존재가 위태롭다고, 그러니 일단 멈추고 자기 자신과 깊은 대화를 시도해 보라고 끊임없이 경계하는 학문이 바로 명리학이고 별자리다. 하여, 그 앎들은 그 자체로 휴식과 힐링을 제공한다. 운명의 키는 바로 자기 자신, 특히 욕망과 습관의 패턴에 있음을 확인하는 순간 노동과 화폐, 소비와 쾌락이라는 척도에서 벗어나는 길을 찾아 나서게 된다. 자본의 기준으로 보면 무용하지만 바로 그렇기 때문에 참 유용하다.

21세기 들어 인문학이 대세가 된 이유도 거기에 있다. 이때의 인문학은 문사철에 한정되지 않는다. 세상의 모든 앎이 다 망라된다. 감이당의 멘토이신 정화스님의 강의가 좋은 예다. 스님은 늘 불교를 생물학, 뇌과학의 관점에서 풀이해 주신다(그래서 스님 강의를 들으면 불교가 아니라 과학에 대한 최신 정보를 얻을 수 있다^^). 나를 알려면 인간의 보편적인 속성을, 진화의 과정을, 호모 사피엔스의 여정을 알아야 한다. 이전에는 이것이 특정 전공에 속했지만 지금은 다르다. 이젠 이 지식들이 삶, 나아가 깨달음과 연결되고 있기 때문이다. 결국 사람들은 궁극적으로 삶의 지도, 곧 자신의 운명을 탐구하고 싶은 것이다.

청년 백수들에겐 말할 것도 없다. 다시 말하지만 공부의 시작은 자신을 아는 것이다. 근데 어디서부터 시작하지? 어린 시절? 이건 프로이트의 오이디푸스 콤플렉스에 포획되기 십상이고, 정체성 탐구? 이건 자의식의 과잉으로 치달을 우려가 있다. 가장 좋은 건 근원적이고도 원대한 비전, 곧 몸과 우주에서 시작하면 된다. 모든 생명은 자연의 산물이다. 이걸 대체 누가 부정한단 말인가? 과학이란 것도 결국 그 이치를 파악하기 위한 지난한 노력이 아니던가. 그럼 그 자연, 곧 시/공간으로 이루어진 우주, 그리고 그로부터 질량과 에너지를 부여받은 내 몸에서 출발할 수밖에. 그래서 자연이야말로 스승이다. 실로 위대한 스승이다. 자연은 '생생불식'生生不息한다. 낳고 낳고 또 낳는다는 뜻. 생성이 있으면 소멸이 있는 법. 생멸의 순환 속에서 모든 존재는 서로 연결되어 있다. 저 나무도, 이 바람도, 작열하는 태양도, 저물녘의 황혼도 그 어느 것도 나란 존재와 무관한 것은 없다. 고로 배움의 척도가 천지자연인 건 지극히 당연하다.

그리고 이 공부가 주는 효과는 또 있다. 명리학이든 별자리든 존재와 세계에 대한 탐구가 시작되면 타자와의 깊은 교류가 가능하다. 앎 자체가 자기 삶에 대한 이야기로 이어지기 때문이다. 소통의 새로운 장이 열리는 것이다. 가족하고도 나누지 못하는 이야기도 편하게 털어놓게 된다. 덕분에 타인의 깊은 속내를 들을 수 있다. 이것이 함께하는 공부, 곧 세미나의 매력이다. 1987 세대는 모든 공부를 학생회관에서 세미나로 해결했다. 정규수업은 거의 제낀 채 세미나로 시작해서 세미나 뒤풀이로 끝나는 게 당시의 대학생활이었다. 민주화, 혁명 같은 시대적 소명이 있어서이기도 했지만 사실은 세미나(와 그 뒤풀이)가 너무 재밌고 유용했기 때문이다. 읽기, 말하기, 쓰기는 물론이고, 사랑과 우정, 일상의 희로애락까지 다 세미나를 통해 배울 수 있었기 때문이다.(이에 대해서는 『세미나책』[정승연 지음]을 추천한다. 세미나에 대한 거의 모든 내용이 다 들어 있다.)

서두에 나오는 청년도 바로 그런 점에 매료되었다. 자신의 모습을 새로이 발견함과 동시에 다른 사람의 내면에 귀를 기울일 수 있다는 사실에 눈을 뜬 것이다. 해서, 지금 다니는 저 따분한 직장이 아닌, 사람들과 소통하는 직업을 다시 만들고 싶다고 했다. 이른바, 자연철학을 활용한 '크리에이터'가 되고 싶은 것이다. 솔직히 이런 배치는 흔치 않다. 하지만 꼭 필요하다. 인공지능이 도래하면서 대부분의 직업은 사라질 거라고 한다. 사라지는 게 있으면 생겨나는 것도 있기 마련. 대표적인 것이 상담, 교육, 영성과 관련된 일이다. 인공지능은 육체노동을 대신하고 물질적 생산이야 충분히 해내겠지만 사람과 사람, 마음과 마음을 연결하는 일은 불가능하다. 그것은 계산능력이 아니라 공감능력을 요하기 때문이다. 예전에는 그 부분을 정치경제학이 주로 담당했지만, 이젠 훨씬 더 심층적인 탐구가 필요하다. 청년들이 자연철학 혹은 운명론에 매료되는 이유도 거기에 있지 않을까?

연암에게도 최고의 스승은 자연이었다. 이미 청년기부터 『주역』을 배웠을뿐더러 자연에 대한 관찰력도 남달랐다.

하늘과 땅이 아무리 오래되었어도 끊임없이 생명을 낳고, 해와 달이 아무리 오래되었어도 그 빛은 날마다 새롭다. 서적이 아무리 많다지만 거기에 담긴 뜻은 제각기 다르다. 그러므로 새와 물고기와 짐승과 곤충에는 아직 이름이 알려지지 않은 것이 있고, 산천과 초목 중에는 반드시 신비스러운 영물이 있다. 썩은 흙에서 버섯이 무럭무럭 자라고, 썩은 풀이 반딧불로 변하기도 한다.

-박지원, 「옛 글을 본받되 새롭게 지어라」(초정집서), 『지금 조선의 시를 쓰라』, 161쪽

썩은 흙에서 버섯이 자라고 썩은 풀이 반딧불이 된다. 생성과 소멸, 생과 사가 맞물려 돌아간다는 뜻이리라. 천지가 늘 새로울 수 있는 이유가 거기에 있다. 그러니 얼마나 미지의 세계가 많을 것인가. 얼마나 탐구할 것이 많을 것인가. 이것이 『주역』의 지혜다. 『주역』은 동양 사상의 출발점이다. 우주론이자 통치의 기술이며 타이밍(때)에 대한 탐구다. 음(--)과 양(-)이라는 두 개의 부호를 활용한다는 점에서 0과 1 두 개의 비트로 이루어진 디지털 문명과 깊이 상통한다. 통찰과 직관을 키우는 데 아주 유효하다. 연암의 글들이 그 증거다.

연암은 정치적 부침을 겪지는 않았지만 청년기부터 가족, 친지의 죽음을 수없이 겪어야 했다. 스물세 살에 어머니를 잃고, 서른한 살에 아버지를, 그다음엔 맏누이를 잃고 형님과 아내를, 또 며느리를 잃었다. '또 다른 나'라고 불렀던 절친들의 죽음도 이어졌다. 이몽직, 이희천, 정철조, 홍대용, 이덕무 등등. 특히 이몽직과 이희천의 죽음은 비명횡사에 해당한다. 몽직은 스물여섯의 나이에 남산에서 활쏘기 연습을 하고 돌아가다 잘못 날아온 화살에 맞아 생을 마쳤고, 희천은 서른다섯의 나이에 중국에서 수

입한 책 가운데 금서를 소장한 바람에 영조의 노여움을 사서 참수형을 당했다. 정작 그 자신은 책을 읽어 보지도 못했는데 말이다. 이토록 어이없는 일들로 생을 마치다니. 그 충격과 슬픔이 그를 죽음에 대한 깊은 탐구로 인도했으리라. 그가 남긴 묘비명들이 그 증거다. 2장에서 살펴보았듯이, 내가 아는 한, 지상에서 그토록 아름답고 가슴 저미는 레퀴엠은 없다!

그래서인가. 의학에 대한 관심도 남달랐다. 『열하일기』에는 「금료소초」金蓼小鈔라고 자신이 스스로 작성한 의학노트가 따로 있을 정도다. 아울러 그의 문장에는 코끼리, 까마귀, 말똥구리, 낙타와 범 등 온갖 동물들이 다 등장한다. 특히 코끼리를 통해 『주역』의 이치를 탐구한 「상기」象記는 연암을 대표하는 명문이다.

에콜로지가 시대적 소명이 된 지는 오래되었다. 하지만 아직도 생태계와의 공존은 요원하기만 하다. 당연하다. 미세먼지는 두려워하면서도 욕망을 제어하는 데는 선뜻 동의하지 않는 것이 현대인의 수준이다. 자연은 보호의 대상이 아니다. 생명의 원천이자 귀환처다. 그러므로 자연보다 더 위대한 스승은 없다. 꼭 시골이나 오지를 찾아가지 않아도 된다. 서울 한복판에서도 음양오행, 봄·여름·가을·겨울의 변화를 얼마든지 음미할 수 있다. 봄에는 바람과 함께 피어나는 꽃들의 향연을, 여름에는 나뭇잎들이 만들어 내는 녹음의 아치를, 가을에는 청명한 기운 속에서 무르익는 열매의 향연을, 겨울에는 모든 것을 다 내려놓은 나목들의 정적을… 이 정도만 음미할 수 있어도 충분하다. 계절의 변화도 삶의 중요한 국면이자 현장이다. 그것을 세밀하게 관찰하고 교감할 수 있다면! 그러다 보면 자기 안에 있는 사계절, 곧 운명의 지도를 발견하는 기쁨을 누리게 될 것이다. 자가용과 사무실을 벗어나기 힘든 정규직은 좀 어렵겠지만 백수에겐 얼마든지 가능하다. 그런 점에서 백수는 존재 자체로 자연철학자요, 에콜로지스트다!

6. 하루가 일생이다!

삶의 목적은 '삶' 그 자체

"어차피 죽을 건데 대체 왜 사는지 모르겠어요. 삶의 이유를 못 찾겠어요."──청공(청년공자스쿨) 수업 때 한 청년이 한 질문이다. 질문이라기보단 깊은 체념이다. 이 청년만의 문제는 이미 아니다. 또 우리나라만의 문제도 아니다. 미국의 팝가수 코난 그레이(Conan Gray)의 노래 중에 「Generation Why」가 그런 세태를 반영한다고 한다. 우리말로 옮겨 보면, '너희 세대 왜 그러니' 정도가 되는데, 가사가 아주 흥미롭다. "왜냐면 우리는 무기력하고, 이기적이고, 별난, 참 죽고 싶어하는 밀레니엄 세대니까. 우린 흐린 눈빛으로 거리를 걸어다니고, 쓸모없이 넘쳐나는 시간에 시달려. 문제가 생기면 정신을 놓아 버리지. 살면서 이런 말을 백만 번은 들었어. '너희 세대는 왜 그러니?'"-이윤하, 「쓰자, 반세대적으로!」, 『청년, 연암을 만나다』, 36쪽 소위 MZ세대의 정서가 물씬 풍겨 나온다.

헌데, 이런 이야기를 들으면, 기성세대는 "역시 경제가 문제야", "우리 때는 더 힘들었어", "배가 불렀구나" 등등의 반응을 하게 된다. 하지만 그런 코멘트처럼 진부한 것도 없다. 하나 마나한 말일뿐더러 문제를 대충 뭉개려는 의도가 느껴져서다. 내가 이런 질문들에 주목하게 된 건 청년들뿐 아니라 현대인들의 뇌리에는 목표에 대한 집착 혹은 신앙 같은 게 있구나 하는 걸 감지했기 때문이다. 인생에는 높고 큰 목표가 있어야 하고, 그걸 위해서는 온갖 역경과 시련을 견뎌 내야 한다. '발단-전개-절정-대단원'으로 이어지는! 그래야 살맛이 나고 살아갈 의미가 있다고 여기는 것이다. 하지만 이것은 20세기 근대가 설정한 가상 시나리오일 뿐이다. 산업혁명 이후, 서양이 동양에 도래한 이래, 사람들은 삶에는 아주 뚜렷하고도 거창한 목적이 있어야 한다는 생각에 사로잡히게 되었다. 그게 대를 이어 지금의 청년들에게도 고스란히 주입된 것이다. 화폐와 성공을 향해 달려가게 했던 '꿈' 담론 역시 그 통속적 버전의 하나다.

그럼 서양 근대가 설정한 이른바 거창하고 원대한 목표들을 한번 되새겨 보자. 국가, 혁명, 민족, 가족, 예술혼, 인류애… 대강 이 정도다. 할리우드 영화가 허구한 날 반복하는 것이 멸망 직전의 인류를 구하는 것. 위기에 빠진 나라를 구하는 것이고, 소비에

트 몰락 이전에는 혁명이야말로 청춘을 걸어 볼 만한 대업이었다. 주말드라마가 구현하는 것은 거룩한 가족애고, 멜로는 사랑이야말로 인간이 추구해야 할 가장 드높은 이상이라고 외쳐 댄다. 예술혼이나 스포츠 정신도 거기에 포함된다. 나열하고 보니 참 허무하다. 아니, 참 진부하기 짝이 없다.

하지만 우리 시대에 애국·애족을 삶의 척도로 삼는 이는 없을 것이다. 통일이나 인류애도 너무 추상적이다. 혁명은 낡을 대로 낡은 개념이고. 그나마 남은 것이 가족과 사랑인데, 그게 삶의 목표가 될 수 있을까. 『인간실격』을 쓴 작가 다자이 오사무太宰治에 따르면, "가족의 행복은 온갖 악의 근원"이다. "특히 '사랑'이라는 명목은 사람을 지배할 수 있는 가장 잔인한 장치"라 할 수 있다. 사랑의 결실이라는 가족이 상처의 온상이 되어 버린 이유도 거기에 있다.

이렇듯 모든 가치가 먼지처럼 흩어지고 삶의 목표는 안개처럼 흐릿하다. 이게 지금의 현실이다. 사실 이건 크나큰 축복이다. 인간을 구속하고 지배하는 가치와 표상으로부터 벗어나게 되었으니 말이다. 바로 여기가 포인트다. 20세기까지를 지배한 모든 가치로부터 벗어났으니 이제 자유를 누려야 하는데, 그게 아니라 엄청난 공허를 느끼게 된 것이다. 하여, 다시 새로운 이상과 목표를 설정하라고 외치고 싶겠지만, 그거야말로 난센스다. 왜냐면, 삶에는 본디 어떤 목표도 의미도 없기 때문이다. 할 수 있다면, 위에서 열거한 항목 외에 다른 것을 더 찾아보시라. 역사 속에서 치열하게 구현된 모든 가치는 여지없이 무너지고 소멸했다. 제국의 확장, 천하통일, 불멸의 사랑, 고귀한 예술혼, 기념비적 사업 등등. 다만 허무하고 또 허무할 뿐이다. 근대는 거기에다 노동과 화폐라는 꿈을 추가했을 뿐이다. 그래서 꿈을 이루겠다는 명목하에 노동과 화폐를 향해 혼신을 다했건만 기다리고 있는 것은 우울증 아니면 고독사! 그러면 다시 다짐한다. 더 큰 목표를 설정해야 한다고. 그래서 목표를 찾은 이는 그걸 이루기가 너무 어렵다고 아우성이고, 찾지 못한 이는 또 살아갈 이유를 모르겠다고 탄식한다.

그러므로 가장 시급한 일은 이런 전도망상 자체를 뒤엎는 일이다. 꿈이나 목표 따위는 필요 없다. 반드시 이루어야 할 사명 따위란 없다. 삶에는 본디 어떤 의미도 없다. 삶은 오직 사는 것 그 자체만이 목표다. 살다 보니 돈도 벌고 만나고 헤어지고 창작도 하고 정치도 하는 것이지. 그 반대는 절대 아니다. 돈을 벌기 위해! 사랑을 위해! 예술을 위해! 정치적 이념을 위해! 그렇게 목표 지향적으로 살다 보면 결론은 허무다. 그 자체가 망상이기 때문이다. 데뷔 50주년을 맞이한 조용필이 한 인터뷰에서 말했다. "최고, 최다, 최장 등 온갖 기록을 다 가지고 있는데 앞으로 어떤 기록에 도전하고 싶냐?"는 질문에 "난 뭔가에 도전한 적이 없다, 그저 음악이 좋아서 하다 보니 그런 기록을 갖게 된 것일 뿐"이라고. 맞다. 그것이 예술이다. 그것이 인생이다.

다시 말하지만, 21세기는 그런 점에서 참 축복이다. 그동안 인간이 매달렸던 모든 가치들의 무상함이 적나라하게 드러났기 때문이다. 디지털은 정보의 바다다. 거기에는 시작도 끝도 없고, 중심도 변방도 무색하다. 어디서든 접속할 수 있고, 언제든 시작할 수 있다. 누구와도 연결될 수 있고, 무엇이든 만들 수 있다. 이 거대한 파노라마에서 시비-선악-우열의 분별은 무의미하다. 다만 변화무쌍한 흐름이 있을 뿐! 태평양이 그렇고 동해 바다가 그러하듯이. 2,500년 전 공자, 부처, 노자는 이미 그런 경계에 도달했다. 이 현자들은 우리에게 무엇을 성취하라고 하지 않았다. 목표를 향해 달려가라고 하지 않았다. 세상을 구하겠다며 목숨을 바치라고 하지 않았다. 역사에 이름을 남기기 위해 지금의 삶을 희생시키라고 하지 않았다. 오히려 그 모든 가치(표상)들로부터 벗어나라고 말했다. 그들이 말한 바 진리는 자유와 해방이다. 그것은 어떻게 이루어지는가? 타자를 정복하는 것이 아니라 교감함으로써. 자연을 착취하는 것이 아니라 공존을 모색함으로써. 적을 정복하는 것이 아니라 자아를 해체하는 것으로써. 그러기 위해서 비우고, 버리고, 내려놓아야 한다. 모든 가치와 표상을.

사람들이 꿈이라고 말하는 것들을, 시대가 이상이라고 주장하는 것들을. 너무 시시하다고? 아니다. 이거야말로 원대한 지평이다. 모든 이상과 가치에 대해 근원적인 질문을 던질 수 있으므로.

삶은 바로 이 지평선을 향해 달려가는 것이다. 지평선은 결코 도달하지 못한다. 다만 나로 하여금 달려가게 할 따름이다. 시공의 무상한 변화와 더불어 그 흐름에 몸을 맡기는 것으로서의 삶! 그것이면 충분하다.

연암의 여행도 이러했다. 애초의 목적지는 열하가 아니었다. 가다 보니 길이 열하로 이어졌을 뿐이다. 또 길을 떠나면서 어떤 전제도, 목표도 설정하지 않았다. 다만 마주치는 모든 것들과 접속하고 공감했을 뿐이다. 열하로 가는 막바지 고비, 무박 나흘의 행군을 거쳐 마침내 고북구장성을 건너 하룻밤에 아홉 번 강을 건너는 시간이 도래하였다. 목숨이 오락가락하는 그 순간에 연암은 마침내 도를 깨닫는다.

나는 이제야 도를 알았다. 명심冥心(깊고 지극한 마음)이 있는 사람은 귀와 눈이 마음의 누累가 되지 않고, 귀와 눈만을 믿는 자는 보고 듣는 것이 더욱 섬세해져서 갈수록 병이 된다. 지금 내 마부는 말에 밟혀서 뒷수레에 실려 있다. 그래서 결국 말의 재갈을 풀어 주고 강물에 떠서 안장 위에 무릎을 꼰 채 발을 옹송거리고 앉았다. 한번 떨어지면 강물이다. 그땐 물을 땅이라 생각하고, 물을 옷이라 생각하고, 물을 내 몸이라 생각하고, 물을 내 마음이라 생각하리라. 그렇게 한번 떨어질 각오를 하자 마침내 내 귀에는 강물 소리가 들리지 않았다. 무릇 아홉 번이나 강을 건넜건만 아무 근심 없이 자리에서 앉았다 누웠다 그야말로 자유자재한 경지였다.

– 박지원, 「하룻밤에 아홉 번 강을 건너다」(일야구도하기―夜九渡河記),
『세계 최고의 여행기, 열하일기』(하), 185쪽

"물을 땅이라 생각하고, 물을 옷이라 생각하고, 물을 내 몸이라 생각하고, 물을 내 마음이라 생각하리라." 여기가 핵심이다. 물과 땅, 물과 옷, 물과 몸, 물과 마음. 이 사이를 가로막는 적대적 이분법을 넘어 혼융이 일어나는 순간이다. 그때 온몸에 퍼지는 자유와 해방감. 이 파동이 곧 도道이고 지혜다. 삶에는 목적이 없지만 방향은 있다. 연암이 도달한 이 경지가 바로 그것이다. 누구든 이 경지를 향해 나아가야 한다. 비우고 내려놓고 교감하는! 그 지평선을 향해 나아가는 것이 삶의 진수다. 오직 그뿐이다! 그리고 이럴 때 비로소 삶이 제 모습을 찾을 수 있다.

그러면 어떻게 살아가게 될까? 간단하다. 지나간 것에 매이지 않고, 오지 않은 것에 떨지 않으면 된다. 그러면 '지금, 여기'를 살아갈 수 있다. 삶은 오직 현재뿐이다. 현재 안에 과거와 미래가 동시적으로 구현되기는 하지만, 결국 삶의 현장은 오늘이다. 그 누구도 어제를 살 수 없고, 내일을 살 수 없다. 태어나는 것도 그 어느 '오늘'이고, 죽는 것도 그 어느 '오늘'이다. 그렇다면 오늘 하루를 어떻게 사느냐가 인생 전체를 가늠하는 지렛대다. 따지고 보면 그렇다. 우주의 리듬이 사계절이라면 인생도 봄·여름·가을·겨울이다. 마찬가지로 하루도 봄·여름·가을·겨울이다. 해뜨는 아침이 봄이면 한낮이 여름이고 오후는 가을, 해질녘부터 새벽까지는 겨울이다. 인생의 압축파일, 하루! 결국 오늘 하루의 리듬이 인생 전체를 좌우한다. 좋은 삶을 원하는가? 그렇다면 오늘 하루에 온전히 집중하라! 오늘 하루의 리듬을 멋지게 통과하라! 그 하루들이 모여 일생이 된다.

백수는 시험을 위한 공부는 거부한다. 스펙을 쌓는 우매한 짓거리는 더더욱 하지 않는다. 남에게 과시하기 위한 공부는 유치하다. 하지만 늘 뭔가를 배운다. 백수는 노는 사람이다. 동시에 배우는 사람이다. 배우는 게 즐겁다는 것을 아는 사람이다. 하여 놀면서 배우고 배우면서 논다. 뭘 배우냐고? 인생을 배우고 세상을 탐구한다. 세상이 스승이고 인생이 학교다. 네버엔딩 쿵푸! 하여, 이 앎의 지평선은 무한하다. 결코 끝나는 법이 없다. 그 지평선을 향해 나아가다 보면, 마침내 알게 되리라. 삶은 삶 그 자체로 충분하다는 것을. 오늘 하루가 곧 일생이라는 것을.

연암의 모든 문장이 감동이지만, 최근에 다시 내 가슴을 벅차게 했던 문장이 하나 있다. 마지막으로 이 글을 세상의 모든 청년 백수들과 나누고 싶다.

"그대는 나날이 나아가십시오. 나 또한 나날이 나아가겠습니다."

−박지원 ,『연암 박지원 말꽃모음』, 24쪽

반복에서 생성으로

지혜의 파동에 접속하자!

백수는 노동에서 벗어나 활동을 창안하는 존재다. 놀고 먹고 걷고 만나고, 그 모든 활동의 핵심은 배움이다. 더 구체적으로 말하면, 읽기, 말하기, 쓰기. 배움보다 더 고매한 일도 없고, 배움보다 더 즐거운 일도 없다. 왜? 배움만이 삶을 새로운 지평으로 인도하기 때문이다. 그러므로 배움이 없으면 삶은 반복에 빠진다. 동일한 패턴, 유사한 회로에 갇힌다. 고로, 반복은 죽음이다. 반복에서 생성으로! 이것은 생존의 필수전략이다.

그럼 뭘 배우는가? 자신과 세계에 대해 배운다. 먼저 자신의 몸과 마음에 대하여. 욕망과 성의 원리에 대하여, 또 감정의 흐름과 관계의 변화에 대하여. 그런 공부를 해나가다 보면, 자연스럽게 동서고금의 자연철학에 접속하게 된다. 명리학, 별자리, 뇌과학, 생물학, 인류학 등이 다 여기에 포함된다. 그 이치를 터득하려면 자연과 우주의 이치를 알아야 한다. 특히 성에 대한 탐구는 더 이상 방치하고 숨길 사항이 아니다. 능동적인 배움의 장으로 끌어내야 한다. 그래야 성이 윤리와 교감의 원천이 될 수 있다.

욕망과 몸과 우주의 삼중주, 이런 앎을 일러 '지혜'라 부른다. 지혜는 파동이다. 고로, 누구도 독점할 수 없다. 백수는 모름지기 이 지혜의 파동에 접속해야 한다. 그것만으로도 백수의 삶은 충만해진다. 잠들 때마다 내일 아침이 기다려지고, 일어나자마자 바로 책을 펴들 수 있다면! 이보다 더한 지복이 있을까?

그다음엔 그것을 시대의 언어로 바꾸는 번역을 시도해야 한다. 고전의 지혜를 오늘의 현장으로 옮기는 전령사가 되는 것이다. 그래서 인문학이 필요하다. 이때의 인문학은 분과학이 아니다. 지식과 사람을, 앎과 인생을 연결하는 지적 상상력, 그것이 곧 인문학이다. 결국 이 앎의 매트릭스에선 세상의 모든 공부가 다 연결된다. 그래서 지혜다! 이 지혜의 바다를 유영하면서 읽고 쓰고 말하고… 이런 활동이 일상이 되는 길, 그것이 백수의 비전이다. 이 지평선에는 출발지도 종착점도 없다. 입구도 출구도 따로 없다. 어디서든 시작할 수 있고 결코 끝나는 법이 없다. 네버엔딩 쿵푸! 그 지평선 위를 달리다 보면 문득 알게 되리라. 인생이란 '지금, 여기'가 전부임을. 오늘 이 하루가 오롯이 '일생' 그 자체임을.

아우트로:

백수는 미래다
—백수 시대, 백세 시대를 향하여!

　1987년 청춘들은 독재를 타도하고 싶었다. 대통령 선거를 하고 싶었고 최루탄과 짭새가 없는 대학을 만들고 싶었다. 그 욕망은 참으로 간절했다. 그래서 돌을 던지고 화염병을 날렸다. 『공산당 선언』(마르크스)을 읽고 『무엇을 할 것인가?』(레닌)를 읽었다. 그땐 생각했다. 이 모든 것이 다 자본과 계급 때문이야. 자본과 계급, 그 둘만 타개하면 자유와 평등이 실현될 거라고 믿었다. 하지만 그땐 아무도 예측하지 못했다. 자본이 계급을 완전히 삼켜 버리리라는 것을. 그리고 상품이 일상과 영혼을 잠식하리라는 것을. 어디 그뿐인가. 디지털이 세상을 지배하게 될 줄은 꿈에서조차 상상하지 못했다. '스마트폰'이라는 요물이 신체의 일부(혹은 전부)가 되리라는 것은 더더욱. 참 희한한 세상이다.

아우트로: 백수는 미래다 ― 백수 시대, 백세 시대를 향하여!

당혹스럽지만 한편 신선하다! 이제 자본과 계급을 타도하는 건 어렵지 않다. 상품을 소비하는 궤도에서 탈주하면 된다. 신상품이 나오면 그냥 쌩까라~. 일본의 청년들이 자동차를 거부하자 일본 자동차 산업이 위기를 맞게 되었듯이. 집(아파트)에 대한 집착을 버려라. 청년이 아파트에 대한 환상을 버리면 지금 대한민국을 뒤흔들고 있는 부동산 거품은 절로 꺼질 것이다. 그리고 공유 경제에 접속하라. 그러면 국가의 부는 절로 청년들 혹은 서민들한테로 이동한다. 어차피 노동과 생산은 인공지능, 빅데이터가 담당할 것이다. 사회적 부는 늘어나는데 출산율은 줄어들고, 시장은 점점 축소되고 대신 공유경제가 활성화되면? 사회주의도 자본주의도 아닌 제3의 사회체제가 구현될 것이다. 뭔지는 모르겠지만 왠지 재밌을 거 같지 않나.

"이번 생은 처음이라"는 말이 있다. 지금이 딱 그렇다. 디지털과 함께 자란 청년세대는 물론이고 산업화세대한테도 민주화세대한테도 이런 세상은 처음이다. 보통은 새로운 시대가 열려도 기성세대는 그걸 제대로 누리지 못한다. 생의 주기가 짧기 때문이다. 그래서 늘 자기 시대의 한계 안에 머물다 생을 마칠 수밖에 없었다. 하지만 지금은 다르다. 갑자기 눈앞에 백세 인생이 펼쳐졌다. 노동의 의무에서 벗어난 다음에도, 완전히 색다른 기술문명이 도래한 다음에도 굉장히 긴 시간이 주어진 것이다. 그러니까 기성 세대한테도 '이번 생은 처음'인 셈이다. 그럼 이제 어떻게 살지? 다시 시작하면 된다. 처음으로 돌아가 다시 배우는 거다. 디지털 세대와 함께 손에 손을 맞잡고. 세대 공존의 새로운 네트워크가 열린 셈이다. 멋지지 않은가? 근데 그러기 위해선 우선 20세기적 인식의 배치에서 벗어나야 한다. 지난 시대에 대한 미련과 향수를 가차 없이 떨쳐 버려야 한다.

더 구체적으로 말하면, 가장 먼저 소유와 증식에 대한 갈망으로부터 벗어나야 한다. 20세기의 경우, 산다는 건 더 많은 소유를 향해 나아가는 거라고 굳게 믿었다. 하지만 이젠 아니다. 많이 소유할수록 바보가 된다. 증식에 매달리면 중독이 된다. 디지털은 유동하는데 가진 게 많으면 움직이기가 어렵지 않겠는가. 집, 땅, 차는 공유경제에 포함될 테고, 그러면 이제 최소한이면 충분하다. 사적 소유에서 벗어나야 공유경제를 적극 활용할 수 있고, 그래야 사람을 만나고 관계를 확장할 수 있다. 그래야 더 넓은 세상과 연결될 수 있다. 소유에서 접속으로! 증식에서 순환으로!

나아가 이런 삶은 그 자체로 증여다. 미니멀리즘, 사토리세대, N포세대… 이런 용어들은 우리를 참 씁쓸하게 만든다. 왠지 세상이 시들어 가는 느낌이다. 하지만 뭔가를 박탈당한 게 아니라 스스로 포기한 것이라면? 오, 괜찮다. 아니, 멋지다! 20세기는 너무 많이 가졌다. 혹은 가지려고 했다. 그래서 잘 살았나? 그래서 자유를 얻었나? 전혀 그렇지 않았다. 그런데 바야흐로 그 집착에서 벗어나게 된 것이다. 이렇게 생각을 딱! 바꾸는 순간 세상이 다시 환해진다. 문득 떠오르는 장면이 하나 있다. 우연히 '고등래퍼'들과 인문학을 콜라보하는 방송에 참여한 적이 있었다. 내가 담당한 테마는 '돈'이었는데, 나를 놀라게 한 두 가지 사항. 고등래퍼들의 꿈은 돈이었다. 하나같이 돈에 목말라했다. 돈만 준다면 감옥에라도 갈 태세였다. '저 지독한 욕망은 대체 뭘까?' 싶어서 놀랐고, 근데 더 놀란 건 그다음이었다. "10억, 100억이 생기면 뭐할래?"라고 묻자 거의 대부분 부모님께 보답을 하고 그다음엔 친구한테 주거나 가난한 사람들한테 기부를 하겠다는 것이다. '헐! 이건 또 뭐지?' 미친 듯이 돈을 원하는데, 정작 그 돈으로 하고 싶은 일이 남한테 주는 것이라니. 대박을 원하는 마음과 증여 본능이 혼거한다고나 할까? 결국 그 청년들이 진짜 원하는 건 돈 자체가 아니라 좋은 관계, 자유로운 활동이었다. 다만 그걸 위해서는 아주 많은 돈이 필요하다고 믿고 있을 뿐이다. 그리고 부를 소유하고 증식한 다음에 하는 일은 그 부를 다시 순환시키는 것임을 무의식적으로 알고 있었던 것이다. 정말 그렇다. 미국의 최상위층 부자들은 제발 자신들에게 증세를 해달라고 외친다. 자선을 하는 것 정도로는 도저히 직성이 풀리지 않는가 보다. 최근 세계 최상위의 부를 지닌 아마존의 상속녀는 앞으로 곳간이 털릴 때까지 증여를 하겠다고 선언했다. 결국 부를 늘리고, 늘리고 또 늘린 다음엔 다시 덜어 내고 덜어 내는 길밖에 없음을 알게 된 것이다. 소유의 극한은 무소유로 통하는 이치다.

그렇다면 거꾸로 생각해 보자. 돈을 억수로 가진 다음에 나눠 주는 것이 아니라 애초부터 별로 가지려 하지 않는다면? 그러면서도 마음이 태평할 수 있다면? 그게 진짜 최고다. 백수가 바로 그런 존재다! 백수는 존재 자체가 증여다. 가지지 못함으로써, 소유를 열망하지 않음으로써, 증식에 몸부림치지 않음으로써, 그 자체로 이미 나누고 있는 존재다. 멋지지 않나?

그렇다. 백수는 존재만으로 덕을 베푸는 존재다. 내가 백수가 된 덕분에 누군가 일자리를 얻었을 테니까(나야말로 그런 케이스다. 내가 교수를 포기하면서 누군가가 대학에 자리를 얻었을 테니 말이다). 그뿐인가. 백수는 당연히 적게 벌고 적게 쓸 수밖에 없다. 이보다 더 훌륭한 생태주의는 없다. 코로나 이후 시대에 꼭 필요한 존재방식이다. 또 아무도 백수를 보고 긴장하지 않는다. 경쟁심을 느끼지도 적대감을 갖지도 않는다. 저절로 평화와 힐링의 메신저가 된다. 역시 포스트 코로나 시대를 이끌어 갈 최고의 비전이다.

백수의 미션은 고립으로부터의 탈출이다. 고립은 우울을 낳고, 우울은 중독으로, 중독은 충동과 폭력으로 이어진다. 백수가 해야 할 일은 이 고립의 사슬에서 벗어나 공감의 바다로 나아가는 것이다. 백수는 명랑하게 사는 것만으로 세상을 이롭게 한다. 그 명랑함으로 사람과 사람을, 세상과 세상을 연결하는 존재다. 문명은 연결이다. 생명은 공감이다. 앞으로 이런 가치들이 문명의 새로운 척도가 될 것이다. 20세기를 통과하면서 사람들은 서로 연결되는 법을 잃어버렸고, 공감능력은 거의 제로에 가깝게 되었다. 전투태세로 늘 긴장하면서 살다 보니 그리 되었으리라. 이제 그런 식의 스릴과 서스펜스는 필요 없다. 평생 성공을 향해 달려가지 않아도, 평생 악착같이 돈을 모으지 않아도 되는 시대가 온 것이다. 게다가 기대수명이 100세다. 이제 가장 중요한 사항은 관계와 활동! 누구랑 살지? 누구랑 밥을 먹고 누구랑 산책을 하고, 누구랑 공부를 하고 누구랑 여행을 하지?

그런 점에서 앞으로 정치경제학의 화두는 외로움이 될 것이다. 문제는 가족이다. 그중에서도 핵가족! "그것만이 내 세상"이라고 외쳐서는 안 된다. 이미 핵가족은 쪼개져서 1인가구로 흩어지고 있다. 다시 대가족으로 돌아가기는 틀렸고, 남은 길은 1인가구들의 자유로운 '헤쳐 모여,' 즉 우정의 연대뿐이다. 이것이 가능해지려면 혈연, 그리고 사유재산, 그리고 자의식이라는 표상에서 탈출해야 한다. 그래야 우정이라는 '우주적 파동'에 접속할 수 있다. 20세기는 가족과 연애의 이름으로 우정과 의리를 침묵시킨 시대다. 이제 그 봉인을 해제하고 다시 우정과 의리, 소통과 교감을 일상의 축으로 복원해야 한다. 사람과 사람 사이를 잇고 또 그것을 넘어 동물, 기계와도 공감할 수 있는 윤리는 우정밖에 없다. 그 윤리를 구현할 수 있는 건 백수밖에 없다.

일하지 않아도 굶주리지 않고, 거기다 100세를 살 수 있다니, 그야말로 인류사의 축복이다. 감히 상상조차 하지 못했을 정도로 황홀한 세상이다. 그럼 그 기나긴 시간을 무엇으로 채우는가? 배우면 된다. 인생과 우주에 대하여. 마음의 행로에 대하여. 역사와 종교에 대하여. 그동안 먹고사느라, 지지고 볶고 싸우느라, 전쟁과 기근 같은 대재앙과 맞서느라 하지 못했던 일을 누구나 할 수 있게 된 것이다. 지식은 정보다. 정보의 바다에 익사하지 않으려면 기예를 익혀야 한다. 능동적이고 자율적인 삶의 기예를. 지식과 정보가 사회적 관계의 장으로 확장되면 그때 지성이 된다. 백수는 당연히 지성을 연마해야 한다. 그 지성이 삶과 죽음의 경계로 나아가면 지혜가 된다. 지식에서 지성으로, 지성에서 다시 지혜로 나아가는 지평선이 우리 앞에 펼쳐졌다. 그럼 이제 우리가 할 일은? 그 지평선 위를 거침없이 달려가는 것뿐! 소크라테스와 공자, 붓다와 장자 등 인류의 영원한 멘토들이 그랬던 것처럼. 백수의 원조이자 21세기 청년들의 영원한 '길벗' 연암 박지원이 그랬던 것처럼. 이것이 백수 시대에 백세 인생을 살아가는 최고의 전략이다. 단언컨대, 이보다 더 좋은 삶은 없다. 고로 백수는 미래다!

덧달기:

기본 소득,
노동과 화폐에 대한 새로운 상상력

• 이 글은 기본소득네트워크에서 발행하는 웹진 계간 『기본소득』 2021년 봄호에 실렸던 글입니다.

　나는 '본투비 백수'다. 30대 중반에 박사학위를 받았지만 교수 진출이 봉쇄되면서 '박사실업자'로 중년을 통과했다. 혼자 공부하기 심심하여 '수유연구실'이라는 지식인공동체를 열었고, '수유+너머'를 거쳐 현재는 '감이당&남산강학원'을 거점 삼아 삶의 모든 것—공부와 밥과 우정—을 해결하고 있다. 헤아려 보니 장장 20여 년, 꽤나 긴 시간이다. 무슨 말인가 하면, 나란 존재가 자본의 격렬한 현장은 고사하고 정규직 경력도 전무하다는 뜻이다. 그런 내가 '기본소득'에 대한 원고 청탁을 받았다. 신기했다. 인문칼럼도 아니고, 고전평론도 아니고, 기본소득이라니. 아, 그러고 보니 돈에 대한 책을 쓰기는 했다(『돈의 달인, 호모 코뮤니타스』, 『바보야, 문제는 돈이 아니라니까』, 『조선에서 백수로 살기』 등). 허나 그건 어디까지나 인문학적 관점에서 돈과 삶의 문제를 다룬 것이라

자본과 정책, 경제와 복지의 '리얼한' 현장과는 거리가 좀 있다.

아무튼 그럼에도 내가 이 청탁을 수락한 이유는 간단하다. 이 사실 자체가 재밌어서다. '글쓰기가 밥벌이'요, '백수가 미래'라고 외치는 나한테 기본소득 이야기를 하라니. 놀라운 세상이다. 이거야말로 문명의 흐름이 바뀌고 있다는 증거 아닐까. 이런 시대 전환을 이끌어 낸 주역은 다름 아닌 코로나19다.

기본소득, 바이러스와 함께 우리 곁으로!

지난 1년간 우리는 코로나19라는 팬데믹을 통과해 왔다. 이 터널이 언제, 어떻게 끝나게 될지는 여전히 불투명하다. 그 경로를 예의 주시해야겠지만, 더 중요한 것은 이 사건이 우리에게 던진 메시지들이다. 미증유의 사건은 미증유의 사유를 몰고 온다. 기후위기와 생명주권, 자연과의 공생, 탄소에서 수소로, 소유에서 자유로 등이 대표적인 사안일 터, 기본소득 역시 거기에 포함된다. 내 기억으론 2020년 이전에도 기본소득에 대한 풍문이 떠돌긴 했다. 노동의 소멸, AI의 약진, 공유경제 등의 담론과 함께. 하지만 너무 아련했다. 북유럽 같은 먼 나라의 전설처럼 느껴졌다고나 할까. 그러다 코로나19가 왔다. 바이러스를 통한 자연의 역습은 전방위적이었다. 인간도 자본도 멈춰설 수밖에 없었다.

핵무기고 4차산업혁명이고 바이러스 앞에선 한없이 무력하기만 했다. 성별, 인종, 국가, 문명 사이의 격차도 무색해졌다. 모든 가치가 뒤집히는 와중에 문득 전 국민에게 재난기본소득이 주어졌다. 앗, 이게 가능해? 가능했다! 이제 더 이상 기본소득은 '풍문'도 '전설'도 아니다. 동의하건 하지 않건 누구나 숙고해 봐야 할 경제상식이 되었다. 그렇게 기본소득은 우리 곁으로 다가왔다. 코로나 바이러스와 함께!

기본소득, 삶의 기본권을 보장하는 소득. 공동체의 구성원이라면 누구에게나 공평하게 주어지는 경제적 권리. 이게 맞나? 아무튼 나는 이렇게 규정하고 있다. 경쟁과 격차, 사적 소유, 증식과 팽창을 기반으로 하는 자본주의 원리와는 여러모로 충돌한다. 따라서 그 실현 가능성 여부는 무엇보다 인식의 전환에 달려 있다. 특히 노동과 화폐를 둘러싼 배치, 쉽게 말하면, 돈과 삶에 대한 상상력의 전복이 필요하다.

노동에서 활동으로!

먼저 노동에 대하여. 기본소득에 대한 심리적 저항감 가운데 가장 대표적인 것이 '노동의 신성함'이라는 테제일 것이다. 노동은 신성하다, 노동자가 역사를 이끌어 간다, 노동해방의 그날을 위하여 등등. 1980년대 민주화세대의 깃발을 장식한 구호다. 물론 그 이전에 산업혁명과 함께 노동은 인간존재의 핵심이 되었다. 산다는 건 노동을 하는 것이고, 그에 걸맞은 임금을 받는 것이다. 노동과 임금 사이의 간극, 문제는 거기에 있을 뿐 노동 자체의 가치는 신성불가침이었다. 이런 인식과 태도가 수 세기 동안 전 인류를 노동을 향해 달려가도록 추동했고, 그 결과 전 세계의 부는 엄청나게 폭발하였다. 하지만 그것은 계급투쟁과 양차대전, 냉전의 세기를 초래하였고, 그러는 와중에 자연환경은 초토화되었다(우리는 현재 그 '업보'를 코로나19로 겪고 있는 중이다). 그럼에도 노동에 대한 인간의 믿음은 굳건하기만 했다.

하지만 21세기 들어서면서 노동의 배치가 전면적으로 바뀌기 시작했다. 20세기까지만 해도 디지털 문명의 도래는 꿈에도 생각하지 못했다. 육체노동과 정신노동, 온라인과 오프라인의 경계가 사라지게 될 거라곤 역시 상상조차 하지 못했다. 어디 그뿐인가. 인간보다 더 유능하고 효율적인 기계들이 노동을 전방위적으로 대체하고 있는 중이다. 그럼 이것은 노동해방인가? 아닌가? 비슷하긴 한데, 우리가 기대했던 것과는 사뭇 다른 양상이다. 말하자면, '노동자가 해방된' 세상이 아니라, 인간이 '노동에서 해방'되는 세상이 도래한 것. 따라서 노동을 통한 인간성의 구현이라는 테제는 더 이상 지속가능하지 않다.

그럼 인간은 무엇을 해야 할까? 일단 사태의 추이를 예의 주시할 필요가 있다. 최근의 상황을 보면 노동과 놀이의 경계마저 희미해지고 있다. 예컨대, 요즘 가장 잘나가는 직업이 있다면 그건 아이돌과 스포츠 선수일 것이다. 춤과 노래, 야구와 축구, 이것은 노동인가? 취미활동인가? 이들이 벌어들이는 수입은 가히 천문학적 수준이다. 춤을 추고 노래를 하는데, 왜 이렇게나 많은 돈을 버는 거지? 보통사람이 맨날 야구나 축구를 하면 '건달'로 취급될 것이다. 그런데 그걸 직업으로 삼는 사람들에게는 어마어마한 대가를 기꺼이 지불한다. 그 가치의 원천은 대체 무엇일까? 상품생산? 교역의 확장? 자유와 평화? 다 아니다. 그저 사람들을 위로해 주고 즐거움을 줄 뿐이다. 소위 예능은 더 말할 나위도 없다. 대부분은 잡담, 먹방, 개인기 등이다. 놀랍게도 4050 중년들이 나와서 유치하기 짝이 없는 게임을 한다. 묵찌빠, 노래 맞히기, 끝말잇기, 줄다리기 등등. 예술적 가치를 생산하는 것도, 계몽적 효과를 촉발하는 것도 아니다. 그저 사람들로 하여금 시간을 때우면서 휴식을 취하게 해줄 뿐이다. 그럼 그 가치를 생산하는 주체는 누구인가? 다수의 대중들이다. 여기저기 클릭하고 '좋아요' 누르고 댓글 달고 하는 것만으로 엄청난 부가 창출되는 시대가 된 것.

그렇다. 보다시피 이젠 상품을 생산하는 것이 아니라 마음을 움직이는 것이 중요해졌다. 사람들의 감정과 마음이 연결되면 그 자체만으로 엄청난 이윤이 창출된다. 그래서인가. 디지털 기술로 부를 이룬 CEO들은 하나같이 말한다. 자신이 좋아하는 것을 하라, 고. 거창한 명분이나 대단한 발명이 아니라 그저 좋아하는 것(혹은 사람들이 좋아할 만한 것)을 하라고. 하지만 사람들은 믿지 않는다. 일단 좋아하는 것이 뭔지 잘 모른다. 또 정말 그렇게 해도 되는지를 여전히 의심한다. 왜? 노동은 신성한 것이고, 모름지기 죽도록 일을 해서 돈을 벌어야 하지 않나? 라는 통념에 사로잡혀 있기 때문이다.

하지만 이젠 정말 스스로에게 물어볼 일이다. 죽도록 노동에 헌신하다 생을 마치는 게 정말 거룩한 일인가? 매일같이 직장을 출퇴근하면서 남이 시키는 일을 '열나게' 하는 삶이 그렇게 대단한가? 그렇게 생각하는 이들은 거의 없으리라. 밀레니얼세대라면 더더욱. 그럼에도 방향을 바꾸지를 못한다. 왜? 당연히 생활이 보장되지 않기 때문이다. 헌데, 그 이전에 노동 대신 무엇을 해야 할지를 모르기 때문이다. 여기가 포인트다. 이제 인간의 행위는 노동이 아닌 활동으로 전환해야 한다. 노동은 그 자체로 타율적이다. 따라서 아무리 많은 임금을 받아도 그것이 주는 소외로부터 벗어날 수 없다. 그에 반해 활동은 자율성과 능동성을 전제로 한다. 당연히 소외에서 벗어나 있다. 구체적으로 그게 뭐냐고? 차고도 넘친다. 일단 잘 놀고 잘 쉬는 것(현대인은 휴식과 수면에 무능력하다. 만병의 근원이자 불통의 원천이다. 그로 인해 치러야 할 경제적 비용은 상상을 초월한다). 그다음 사람과 사람 사이를 연결하고, 인간과 자연의 공감을 확대하는 네트워크를 여는 것. 그동안 인류가 노동에 올인하느라 하지 못했던, 코로나19가 우리에게 일깨워 준 다양한 분야가 우리를 기다리고 있다. 기본소득은 바로 그런 활동의 경제적 베이스가 될 것이다. 노동에서 활동으로!

돈을 흐르게 하라!

다음 화폐에 대하여. 노동의 신성함 다음으로 현대인들이 신봉하는 관념이 하나 있다. '사적 소유'의 신성불가침이 그것이다. 현대인은 돈을 벌기 위해 평생을 다 바친다. 그게 성공의 척도이자 생의 유일한 낙이다. 그럼 그렇게 소유하고 증식한 다음에는? 소비와 여가. 결국 오락과 즐거움이 최종심급이다. 소비는 쾌락중추를 자극한다. 이 신경은 적당히 멈출 줄을 모른다. 결국 중독을 부른다. 평생 사유재산을 늘리는 데 올인했지만 결과적으로 삶의 질은 엉망이 된다. 인격적 완성 따위는 기대조차 할 수 없다. 국가경제 역시 마찬가지다. GDP를 높이고, 일자리와 소득을 늘리고. 그다음엔? 더 큰 아파트, 더 많은 주식, 더 많은 소비를 향해 나아간다. 공감과 연대, 우정과 지성 같은 정신적 가치에 대해서는 그닥 관심이 없다. 오직 증식과 소비뿐. 이런 경로를 타게 되면 모두가 불행해진다. 부자는 중독으로, 중산층은 공허함으로, 하층민은 박탈감으로.

이런 '서글픈' 배치를 바꾸려면 부의 기준을 화폐의 양에서 삶의 질로 전환해야 한다. 삶의 질은 어떻게 확보되는가? 다양한 척도가 있겠지만, 방향은 분명하다. 협소한 자아에서 벗어나 존재를 확장하는 방향으로 나아가면 된다. 이를테면, 소유에서 자유로. 고립에서 공감으로, 물질에서 정신으로! 예전에는 그것을 주로 사유재산에 의존해서 구현할 수밖에 없었다. 공적 자산이 전무했기 때문이다. 지금은 다르다. 공유경제가 흘러넘친다. 내가 거주하는 필동만 해도 주변에 남산순환로, 한옥마을, 국립극장 등 산책과 휴식을 취할 수 있는 최적의 환경이 마련되어 있다. 덕분에 우리 공동체의 백수들은 하루 두 번씩 사계절의 풍광을 만끽하고 있다. 이것은 부의 향유인가? 아닌가?

전국 곳곳을 다녀 보면 이런 식의 공적 자산이 차고 넘친다. 문제는 이 자산들이 충분히 활용되지 못하고 있다는 사실이다. 인적 네트워크가 구성되지 않은 탓이다. 이 자산들과 사람들의 마음이 연결되지 못한 탓이다. 따라서 이제 필요한 것은 사람과 사람, 사람과 시설을 연결하는 다양한 플랫폼이다. 그러기 위해선 움직여야 한다. 자기만의 방에서 광장으로, 가족에서 공동체로, 직장에서 마을로. 공간은 공원, 도서관, 박물관 등을 적극 활용하면 된다. 거기에서 뭘 하냐고? 각종 여가활동, 북클럽 혹은 환경동아리, 여행과 순례, 인생의 생애주기에 맞는 다양한 학습 등등. 이건 결코 낭비가 아니다. 사회적 소통이 활발해지고 세대 공감이 확대되고. 민주주의가 지향하는 최고의 비전 아닌가. 화폐와 자본은 그 자체로 아무것도 낳지 못한다. 사람과 사람이 연결될 때라야 비로소 무언가를 창조할 수 있다. 그렇다면, 그런 활동을 할 수 있는 백수들, 특히 청년들에게 경제적 베이스를 마련해 주는 건 그야말로 시급하고도 중차대한 사안이다. 기본소득이 절실하게 요구되는 이유다.

그러면 당장 이런 반응이 나올 것이다. 세금을 놀고먹는 백수들한테 쓴다고? 혈세 낭비! 하지만 자본주의는 본래 탕진과 낭비를 기본으로 한다. 전국 곳곳에 세워진 온갖 럭셔리한 시설과 조형물들을 떠올려 보라. 1년에 한두 번의 쇼와 이벤트를 위해 활용될 뿐, 그 외에는 텅텅 비어 있다. 대형토목공사가 초래한 자연파괴, 거기에 쏟아붓는 천문학적 비용은 또 어떤가. 아, 코로나가 알려 준 또 하나의 진실. 우리나라에서 가장 멋지고 큰 공간은 대학캠퍼스일 것이다. 지난 1년 동안 그 웅장한 건물과 대지가 완전히 무용지물이 되었다. 이보다 더 큰 혈세 낭비가 또 있는가?

덧달기: 기본 소득. 노동과 화폐에 대한 새로운 상상력

사유재산만 해도 그렇다. 그렇게 소유에 집착한 다음, 결국 나중에는 자식한테 물려준다. 그러다 보니 자식은 부모의 재산을 당연히 자신의 것이라 여긴다. 그런 부조리한 통념에서 오는 범죄와 병증, 그로 인해 치러야 하는 사회적 비용은 또 얼마나 큰가. 돈을 사적 소유와 핵가족의 범주 안에 묶어 두는 한 이런 식의 탕진과 낭비는 끝도 없이 되풀이될 것이다.

요컨대, 돈은 흘러야 한다. 사적 소유의 신성함이라는 가치에 매여 있는 한 돈은 오직 개인적 욕망, 그리고 핵가족의 틀 안에서만 돈다. 돈이 그렇게 '홈 파인' 회로에서 돌면 사람도 돌아 버린다(진담이다^^). 그래서 도는 게 아니라 흘러야 한다. 사람과 사람, 마음과 마음, 삶과 삶이 연결되는 곳으로. 그것을 일러 순환이라고 한다. 순환에는 시초적 증여가 필요하다. 지구에 생명이 살기 위해선 태양과 빛과 열이 필요한 것처럼. 태양과 빛과 열은 무상으로 주어진다. 그렇다면 인간 또한 그 '조건 없는' 증여에 응답해야 하지 않을까. 무상의 순환을 통해서.

GDP가 부의 척도가 되는 시대는 지났다. 나라가 부자가 된다고 구성원들이 잘 살게 되는가? 격차가 커지면 사회적 스트레스와 갈등지수는 더더욱 높아질 뿐이다. 그렇다고 빈부격차 없이 모두를 잘 살게 해주는 게 가능한가? 부의 총량을 늘려서 고루 나눠 준다는 발상은 이제 그만! 가능하지도 않지만, 가능하다

해도 사양한다. 그러기 위해선 지구가 초토화되고 말 테니까. 지금의 부로도 충분하다. 그저 잘 흐르도록 유도하면 된다. 그런 점에서 기본소득은 물론이고 부자들의 자발적 증여도 훨씬 확대되어야 한다. 소유의 궁극에는 증여가 있다는 사실을 부디 환기하기 바란다. 부자는 증여하는 기쁨을 누려서 좋고, 가난한 이들은 삶의 기본권을 지킬 수 있어 좋고. 정규직은 든든한 백그라운드가 있어서 좋고, 백수는 자존감과 여유를 누릴 수 있어서 좋고. 그 자유의 공간에서 계층과 세대를 아우르는 다양한 가치들이 생성될 것이다.

감이당의 '기본소득?', 청년펀드

너무 낭만적이라고? 하지만 우리는 나름대로 이런 경제적 증여와 순환을 꾸준히 실험해 왔다. 나의 현장은 감이당&남산강학원이다. 여기서의 기준은 계층이 아니라 세대다. 감이당은 중년세대가, 남산강학원은 청년세대가 주도한다. 중년은 노동과 화폐에 올인하느라 정신적 공황을 겪다가 감이당으로 흘러오고, 청년은 밀레니얼세대의 막막함을 안고 남산강학원으로 진입한다. 중년은 상당한 부를 갖추고 있지만, 청년은 당연히 빈털터리다. 물론 청년들의 부모는 중산층인 경우가 많다. 하지만 그게 청년한테는 별 의미가 없다. 오히려 자립에 장애가 되기도 한다.

이 세대 차이를 적극 활용하여 돈의 새로운 흐름을 만들어낸 것이 감이당의 '청년펀드'다. 주로 중년들을 통해 펀드의 기본 자산을 조성하고, 그걸 밑천으로 청년들의 각종 활동을 지원하는 형식이다. 활동은 주로 공동체의 살림살이(주방), 영상편집(유튜브 강감찬TV), 강의 녹취 및 세미나 매니저 등 배움과 공감의 네트워크와 관련된 것들이다. 이전에는 자원봉사로 하다가 몇 년 전부터 경제 활동으로 전환했다. 무엇보다 청년들의 경제적 자립이 시급하다는 판단하에서다. 청년들은 주로 남산 아래 필동의 셰어하우스에 거주하는데, 한 달 생활비는 방세 20만 원을 포함하여 대략 80만 원 정도(인원은 해마다 다르지만 대략 10~20명 정도). 그게 보장될 수 있도록 청년펀드가 흘러간다. 아직은 소수이긴 하지만, 해외유학을 원할 경우 전폭적으로 지원할 예정이다. 물론 이 활동들은 어떤 이윤도 창출하지 못한다. 그저 흘러갈 뿐이다. 하지만 대신 청년과 중년이 '인생의 길벗'이 되는 새로운 공간이 열린다. 이름하여 청&장 크로스! 이걸 화폐의 양으로 표현하면 얼마가 될까? 단언컨대, 그걸 표현할 수 있는 화폐의 양 따위는 없다.

이게 내가 생각하는 기본소득에 대한 대체적 구상이다. 삶의 질을 높이고 사람과 사람을 연결하는 활동에 돈이 흐르게 하는 것. 핵심은 생활의 자립과 공감의 확대. 의미도 없고 재미도 없는 일은 이제 그만! 죽어라고 돈만 버는 일도 이제 그만! 자아의 감옥에서 벗어나 타자와 연결되면서 삶의 지도를 그려 가는 길, 돈은 마땅히 이 경로로 흘러가야 한다. 기본소득이 보편화된다면 문명의 흐름 또한 이런 방향으로 나아가게 되지 않을까? 무척 기대된다!^^

덧달기: 기본 소득, 노동과 화폐에 대한 새로운 상상력

명랑한 백수생활을 위한 100개의 강령

(줄여서 '명백한' 강령)

강령 1) 절대 '뜨지' 않는다! '뜨면' 고달프다!

강령 2) 운좋은 '넘'과 경쟁하지 마라, 몸만 축난다.

강령 3) 꿈꾸기 싫다. 숙면이 최고다.

강령 4) 정규직은 됐다. 기꺼이 양보하자~

강령 5) 대박은 '풀숲에서 뱀을 만난' 격, 잽싸게 튀자!

강령 6) 정규직에게 연민을! 퇴준생에게 존경을!

강령 7) 평범함이 세계를 구원하리라~

강령 8) 백수의 생존전략은 우정과 의리!

강령 9) 백수의 적은 자의식, 기필코 몰아내자!

강령 10) 알파고가 '딥러닝!' 할 때, 백수는 '딥 슬리핑!' 한다.

강령 11) 백수의 비전, 자연사(혹은 무병장수)

　　　　　무병장수의 적은 천재, 영웅, 미인,

　　　　　절대 그렇게 되지 않도록 최선을 다하자.

강령 12) 백수가 책을 읽으면 천하가 태평해진다.

강령 13) 고수는 서두르지 않는다. 내공이 깊으니까.

　　　　　백수도 서두르지 않는다. 시간이 많으니까.

강령 14) 백수의 미덕은 명랑과 슬기!

강령 15) 백수는 원초적 에콜로지스트다. 고로 21세기의 주역이다!

　　　　　(……)

여기에 독자 여러분이 각각 덧붙여 보시길. 100개의 강령이 탄생될 때까지. 왜 꼭 100개냐고? 백수니까! '백'이라는 라임을 맞춰서 좋고, 너도 나도 다 참여할 수 있어서 좋고!

백수는 100권의 책을 읽는다!

(일명 백수의 '백'북스)

2018년 여름 감이당(&남산강학원)에 '청백전' 프로젝트가 시작되었다. 청백전이란 '청년들이여, 백북스에 도전하라'를 줄인 말이다. 최소한 3년 정도가 소요될 것으로 예상된다. 근기와 뱃심을 키워 줄뿐더러 인생의 지혜와 비전을 일구는 시간이 될 것이라고 굳게 믿는다. 좀 추상적인가? 그래서 확실한 보상을 마련했다. 이 프로젝트를 완수하면 해외에서 100일간 살 수 있는 경비를 지원하기로.^^ 와우!

어떤 책을 어떻게 읽을 것인가? '청공스쿨'에서 자원한 참가자들이 조별로 100권의 커리와 세미나 방식을 자체적으로 결정한다. 물론 시니어 튜터들과 긴밀하게 상의하고 검증을 받아야 한다. 문학, 철학, 역사 등 학교 식 분류법을 취할 필요는 없다. 그런 분류법은 몹시 지루하고 따분하다. 테마별, 시간별, 공간별, 인물별 등 세상에는 재미나고 신나는 분류법이 수두룩하다. 거기에 맞춰 자기만의 백북스 목록을 작성해 보라. 그다음엔 친구들을 불러모아 각자의 방식대로 '청백전'을 시도해 보기를!

*먼저, '백북스' 안에 꼭 포함되어야 할 필독서가 있다. 낭송 시리즈 28권(북드라망)! 동양고전을 사계절의 리듬에 맞추어 낭송하기 좋게 펴낸 시리즈물이다.

- **동청룡(봄)** : 낭송 춘향전 | 낭송 논어·맹자 | 낭송 아함경 | 낭송 열자 | 낭송 열하일기 | 낭송 전습록 | 낭송 동의보감 내경편
- **남주작(여름)** : 낭송 변강쇠가·적벽가 | 낭송 금강경 외 | 낭송 삼국지 | 낭송 장자 | 낭송 주자어류 | 낭송 홍루몽 | 낭송 동의보감 외형편
- **서백호(가을)** : 낭송 홍보전 | 낭송 서유기 | 낭송 선어록 | 낭송 손자병법·오자병법 | 낭송 이옥 | 낭송 한비자 | 낭송 동의보감 잡병편(1)
- **북현무(겨울)** : 낭송 토끼전 | 낭송 도덕경·계사전 | 낭송 대승기신론 | 낭송 동의수세보원 | 낭송 사기열전 | 낭송 18세기 소품문 | 낭송 동의보감 잡병편(2)

이 시리즈물을 빼면 나머지는 72권! 시즌1에 청년들이 선택한 테마는 '몸/마음/인류학'이다. 그 주제에 따라 작성된 목록 중 일부다.

1) 샤론 베글리, 『달라이 라마, 마음이 뇌에게 묻다』

2) 스티븐 핑거, 『마음은 어떻게 작동하는가』

3) 유원수 역, 『몽골비사』

4) 체 게바라, 『체 게바라 자서전』

5) 마르코스, 『우리의 말이 우리의 무기입니다』

6) 스탕달, 『적과 흑』

7) 레비스트로스, 『야생의 사고』

8) 레비스트로스, 『우리는 모두 식인종이다』

9) 조너선 스위프트, 『걸리버 여행기』

10) 클라스트르, 『국가에 대항하는 사회』

11) 나카자와 신이치, 『곰에서 왕으로』

12) 나카자와 신이치, 『대칭성 인류학』

13) 보들레르, 『악의 꽃』

14) 『법구경』

15) 에드워드 사이드, 『오리엔탈리즘』

16) 카렌 암스트롱, 『축의 시대』

17) 카렌 암스트롱, 『스스로 깨어난 자 붓다』

18) 세르반테스, 『돈키호테』

*백북스 후일담

개정판을 내는 지금(2021년)은 청년들의 백북스가 시작된 지 어언 3년째. 드디어 백 권 읽기 프로젝트가 끝났다. 처음 시작한 멤버는 19명. 최후에 살아남은 멤버는 모두 7명! 그중에서 개인사정으로 다시 2명이 아웃되고, 최종적으로 남은 멤버는 5명! 시작은 창대했으나, 나중은 미미했노라, 고 할 수도 있지만, 그래도 이게 어딘가. 거의 3년에 걸친 시간을 책과 함께 통과한 것만으로도 감동이다. 애초의 기획대로라면 바로 여행지를 정하고 100일 생존을 위한 준비작업에 들어가야 했으나, 아뿔싸! 2020년 코로나 바이러스의 창궐로 여행은 일단 내년(2022년)으로 미룰 수밖에 없었다. 대신 워밍업을 제대로 해보자는 취지로 영어랑 현지어 공부에 돌입했다. 중국어, 티베트어, 몽골어 등등. 아울러 체력단련과 소통능력을 키우기로 했다. 여름휴가 동안 코로나 상황에 맞춰 설악산에서 제주까지의 여행을 기획 중이다.

이렇게 해서 이미 여행은 시작되었다. 내년에는 또 어떤 상황이 펼쳐질지, 이들 5명 청년들이 어떤 여행을 하게 될지 아무도 알지 못한다. 미리 예측을 해본들 무슨 소용이겠는가. 그저 시간의 흐름에 맡기는 수밖에. 하지만 몹시 기대된다. 뭔지는 모르겠지만 분명 이전에는 상상조차 하지 못한 사건들이 펼쳐질 테니까.

주요 참고도서

1. 박지원, 『지금 조선의 시를 쓰라』, 김명호 옮김, 돌베개

연암의 문집을 편역한 책. 연암의 명문장을 총체적으로, 동시에 압축적으로 음미할 수 있다. 역자인 김명호 선생님은 연암 연구의 대가다. 단어 하나하나에 연암을 향한 정성과 내공이 스며들어 있다. 읽을 때마다 마음이 넉넉해진다.

2. 박지원, 『연암집』, 신호열·김명호 옮김, 돌베개

앞의 책이 편역이라면 이 책은 완역본이다. 당연히 좀 두껍고 무겁다. 그 덕분에 일반 대중서에선 발견할 수 없는 연암의 문장들을 접할 수 있다. 그것만으로도 연암과 깊이 교감하는 감동을 맛보게 된다.

3. 박종채, 『나의 아버지 박지원』, 박희병 옮김, 돌베개

연암의 둘째아들 박종채가 쓴 아버지 연암의 일대기. 아버지의 업적을 정리한 상투적인 평전이 아니다. 연암의 빛나는 문장과 사상이 그의 내면, 그의 일상의 자연스러운 산물임을 느끼게 해준다. 삶의 결이 살아 있다고나 할까. 아니, 그 이상이다. 심지어 연암의 목소리, 혹은 숨소리가 막 들리는 듯하다.

4. 박지원, 『고추장 작은 단지를 보내니』, 박희병 옮김, 돌베개

말년에 지방에서 근무할 때 연암이 가족·친지들에게 보낸 편지글. 쉰이 넘은 나이에 체질에 맞지도 않는 정규직 생활에 나섰는데도 연암은 여전히 유쾌하고 여전히 여유만만이다. 요즘 시대라면 아마 그는 '트위터의 달인'이 되었으리라.

5. 박지원, 『세계최고의 여행기 열하일기』(상)(하), 고미숙·길진숙·김풍기 편역, 북드라망

열하일기에 대한 대중적 편역서. 시각자료와 다채로운 편집이 돋보이는 책이다. 『열하일기, 웃음과 역설의 유쾌한 시공간』으로 고전평론가가 된 다음에 열하일기를 세상에 널리 알리고 싶어 동학이자 한문학자인 길진숙·김풍기와 함께 작업을 했다. 편역이라 다소 아쉽긴 하지만 독자들이 『열하일기』를 친숙하게 느끼게 하는 데는 성공! 많은 독자들의 사랑을 받고 있다.

6. 박지원, 『낭송 연암집』, 길진숙 풀어 읽음, 북드라망

연암이 중년 이후에 쓴 글들을 엮었다. 우리가 아는 연암의 글—소품문과 척독, 그리고 『열하일기』—은 대부분 50대 이전의 것들이다. 이 문장들이 너무 '눈부시다'보니 중년 이후의 글들이 묻혀 버렸다. 하지만 연암은 50대 이후에도, 더구나 생계형 관직에 나선 이후에도 쉬지 않고 글을 썼다. 이 글들도 참 멋지다. 아들들한테 보내는 편지글에도, 고을원님이 써야 하는 공문서에도 지혜와 유머가 넘쳐난다. 이 문장을 읽지 않고서야 어찌 연암의 인생, 연암의 품격을 논할 수 있으리오.

7. 이용휴·이덕무·박제가, 『낭송 18세기 소품문』, 길진숙·오창희 풀어 읽음, 북드라망

낭송 시리즈 28권 중의 하나. 이용휴·이덕무·박제가는 18세기 소품문의 대가들이다. 이덕무와 박제가는 연암의 절친 중의 절친이다. 그들의 글은 짧고 강렬하다. 그 문장들은 소리를 만날 때 더욱 빛을 발한다. 이 책과 접속하면 알게 되리라. 모든 고전은 낭송을 염원한다는 사실을.

8. 박지원, 『연암 박지원 말꽃모음』, 설흔 풀어 엮음, 단비

연암의 문장 가운데 고갱이만을 추려서 자기식대로 과감하게 정리한 책. 한 구절 한 구절이 다 주옥같다. 연암이나 그 시대상을 전혀 모르는 이도 연암에 대해 이러쿵저러쿵 이야기하게 되었으면 좋겠다는 저자의 바람에 깊이 공감한다.

9. 남다영·원자연·이윤하, 『청년, 연암을 만나다』, 북드라망

여기 세 청년이 있다. 이런저런 인연으로 남산강학원에 흘러들어왔다. 다시 이런저런 인연으로 함께 『연암집』을 읽었고, 또 함께 글을 쓰게 되었다. 그들에게 연암은 미지의 텍스트이자 미답의 대지다. 연암이 얼마나 드높은 고원인지 얼마나 심오한 경지인지, 이 청년들은 몰랐다. 그럼에도, 아니 그랬기에 그들은 연암에게 '해맑게' 질문하고, '시도 때도 없이' 말을 건넸다. 그렇게 그들은 연암의 벗이 되었다. 친구에 살고 친구에 죽은 연암에게 이보다 더 기쁜 마주침이 있을까?